卡尔·威特的教育

[德] 卡尔·威特 著

宿文渊 编译

中国华侨出版社

·北京·

前言 PREFACE

《卡尔·威特的教育》是一本告诉你如何将普通孩子培养成天才的奇书。该书一经推出，便受到读者的喜爱，成为畅销全球的家教经典。无数父母按照书中的方法成功地培养出了优秀的孩子。

《卡尔·威特的教育》成书于1818年，是世界上论述早期教育的最早文献之一。它完备而详尽地记录了卡尔·威特从一个智障的婴儿成长为14岁的哲学博士的故事。作者老卡尔·威特是19世纪初德国的一名乡村牧师，也是全能教育法的开创者。他在书中第一次用实证法阐明了早期教育对于儿童成长的重要性，并指出：即使是再平凡的人，只要教育得法，也一定会成为不平凡的人。该书开创了世界家庭教育读物的先河，谱写了人类教育史上的奇迹，不仅成为哈佛大学、剑桥大学、牛津大学等世界名校联合推荐的权威教育读本，更以"家教奇书"的美誉受到世人的推崇。

现实生活中，有很多家长都是以想象和所谓的经验来完成对孩子的教育的。许多为人父母者都认为听话是儿童的美德，而听话的孩子固然能使父母省心，却往往不能很好地完成自我的实现，长大后成为不独立、不自主，或是心理有缺失、人格有障碍的人。甚至有不少家长坚持认为教育孩子就是喂养和管教的结合，他们不懂得教育的方法，又不屑于学习，以为孩子诞生的同时，自己也就一并拥有了为人父母的知识和权威，用自以为是的一套准则不断地在孩子成长的路途中设置各种障碍，最终误了孩子的一生。

父母爱其子，则为之计深远。如何培养子女，其中大有学问。如果只注重孩子的才能，他有可能会变成一个身体羸弱或是没有是非观念的愚人；如果只注重孩子的身体，他有可能会成为一个无知、粗鲁的人；如果只注重孩子的品质，他又有可能会成为一个只有想法而无法付诸实际的废人。那些艺术家、文学家和大科学家的产生，都离不开合理的早期教育。对于教育工作者和父母来说，本书既是包含教育大师经典教育理念的智慧结晶，又是一本通俗易懂、极具操作性的实用教子手册，从对孩子的身体养育到与孩子的心灵沟通，再到对孩子性格、品德、能力、心理的培养，内容涵盖了儿童教育的方方面面，希望能够给所有爱子心切的家长们以切实的帮助。相信很多家长看完之后，都会有一种重新思考和调整自己教子方略的冲动和想法，并为自己掌握了一种实用高效的教育方法而庆幸不已。

当然，阅读本书的过程也是一个自我反省的过程。书中提出了不少教育的具体方法，但并不是唯一的"标准答案"，因为每个孩子都有其独特的个性，家长们完全可以在领悟书中精髓的基础上，根据实际情况加以灵活运用，从而培养出自己的"天才"。

目 录 CONTENTS <<<

01 / 序

第一章　欢迎你，我的孩子

08 / 有一个好妻子对养育我的孩子有多么重要
12 / 从妻子孕育宝宝的那一天就开始注意
20 / 孩子，父母和你一起成长

第二章　儿子的天生禀赋与后天教育

24 / 儿童潜能的递减法则
28 / 一切取决于如何养育孩子
31 / 我的儿子是刚刚萌芽的幼苗
35 / 从儿子出生那天就开始教育
39 / 给儿子营造最好的生长环境

第三章　从儿子出生就开发他的智力

44 / 让儿子保持愉快的心情
48 / 让儿子的五官与四肢一起发展
51 / 从我们身边的实物开始

55 / 儿子学习语言的奥秘

第四章　教育孩子需要正确的方法

66 / 培养儿子多方面的兴趣

70 / 给儿子一双发现问题的眼睛

73 / 我绝不剥夺儿子玩的权利

76 / 抓住儿子的兴趣教儿子学习

81 / 记忆力、想象力和创造力发展并重

88 / 如何教儿子学习外语

94 / 绝不使用填鸭式教育

97 / 数学和科学技巧的培养

第五章　给孩子游戏和成长的空间

102 / 在游戏中培养孩子的各种能力

107 / 让孩子在游戏中学会与别人合作

111 / 我与儿子一起玩游戏

117 / 我告诉儿子：游戏只是游戏

第六章　我怎样面对儿子成长中的问题

123 / 放纵孩子的任性不是关爱

128 / 儿子的成功来自我们对他的诚实评价

130 / 杜绝儿子产生恶习

134 / 当儿子发脾气的时候

第七章　什么样的教育才不会损害孩子

138 / 在家里，我和儿子的地位是平等的

145 / 认真对待儿子自己的想法

151 / 绝不错误地批评孩子

154 / 粗暴的教育只会损害孩子的自尊心

第八章　让孩子在赏识中前进

160 / 多用赞赏和诱导的方式

165 / 教儿子学会面对失败和挫折

168 / 我绝不空洞地和不真切地表扬儿子

第九章　我如何培养儿子好的品德

173 / 提高儿子对善恶的判断能力

177 / 让儿子懂得同情和关怀

181 / 教育孩子信守自己的诺言

186 / 教孩子怎样用钱

第十章　我教孩子与人相处的本事

193 / 避免以自我为中心

196 / 学会倾听的艺术

200 / 选择好的交往伙伴

208 / 与各种年龄的成年人都能自由交往

第十一章　有助于儿子成功的好习惯

211 / 合理安排时间

216 / 专心致志地学习

221 / 坚持不懈的习惯

224 / 精益求精的习惯

第十二章　我的儿子是快乐的天才

231 / 我的儿子是全面发展的

235 / 健康而快乐的天才

237 / 儿子的学识惊动了整个德国

239 / 九岁考入莱比锡大学

序

很多人都不相信我的话,连我的许多亲友也不相信。相信我的话的只有一个人,他就是已故的格拉彼茨牧师。格拉彼茨牧师自幼与我相好,是最了解我的人。他曾经说过:"正如你所说的,威特的非凡禀赋确实不是天生的。他之所以能成为天才,完全是你教育的结果。看到你的教育方法,威特能成为这样一个天才就不足为奇了。而且威特今后一定会更加轰动世界。我了解你的教育方法,你的教育方法最终一定会取得最大的成功。"还有,下述事实将更加证实我的说法。

在孩子生下来之前,玛得布鲁特市的几个青年教育家和分散在市与市周围的几个青年牧师,共同发起组织了一个探讨教育问题的学会。由于格拉彼茨牧师是该会会员,在他的介绍下我也成了会员之一。

有一次,一个人在会上提出这样一种论调:"对于孩子来说,最重要的是天赋而不是教育。教育家无论怎样拼命施教,其作用也是有限的。"我因为很早就持有与此完全相反的意见,就反驳说:"不对,对于孩子来说最重要的是教育而不是天赋。孩子成为天才还是庸才,不是取决于天赋的多少,而是决定于生下来后到五六岁时的教育。诚然，孩子的天赋是有差异的，然而这种差异是有限的。所以，不用说生下来就具备非凡禀赋的孩子，就是那些具备一般禀赋的孩子，只要教育得法，也都能成为非凡的人。爱尔维修说过：'即使是普通的孩子，只要教育得法，也会成为不平凡的人。'我坚信这一论断。"

这一下，我成了众矢之的，他们一起向我进攻。于是我说："你们有十三四个人，而我只有一个人，我是寡不敌众的，是辩不过你们的。所以与其跟你们辩论，莫如拿出证据来给你们看看。只要上帝赐给我一个孩子，而且你们认为他不是白痴，那我就一定要把他培养成非凡的人。这就是我由来已久的决心。"他们回答说："行。"

会议结束后，希拉得牧师邀请我到他家谈谈，我就与格拉彼茨牧师一起去了，并继续讨论会上的问题。然而仍然是毫无结果，我只是不断地重复着在会上已经说过的话。

在会上一直沉默不语的格拉彼茨牧师现在却旗帜鲜明地支持我了。他说："我确信，威特君的誓言一定会取得相当的成功。"可是希拉得牧师断言，那是不可能的。

其后不久，我有了儿子。格拉彼茨牧师立刻把这个消息通知了希拉得牧师，希拉得牧师又把这个消息告诉了其他会员。于是他们都注意我儿子的成长，那意思是：好，这回看你的本事了！每次见到我和格拉彼茨牧师，他们就问："怎么样，有希望吗？"对此，我和格拉彼茨牧师总是回答说："是的。"他们却依然以怀疑的眼光注视着。

儿子长到四五岁时，我得到一个机会，让希拉得牧师看看我的儿子。"哎呀，真是个好孩子！"他一下子就喜欢上我的孩子了。这时，他已看出我儿子不是个普通的孩子。其后，由于孩子的学业进步非常快，他渐渐相信我的学说了。

感谢上帝，我的心血没有白费，我的辛苦付出终于结下了丰硕的果实。

朋友们对我的教育方法很关注，常常用谈话或通信的方式来鼓励我，他们总是在我最需要的时候慷慨地给我支持和帮助。因此我常常被他们的好意所感动，有时甚至感动得流泪。

应该说，我的成功大半在于他们的同情和支持。因此，我终生难以忘却他们对我的一片好心。

我的朋友们都希望我把我的教育方法编写成书公之于众，而我屡屡拒绝，但是到最后还是被他们说服了，他们的好意是无法抗拒的。为了答谢朋友们的关心，我下决心将自己的教育方法公开。

不过，我不能断言，运用我的教育法的人就一定能像我一样获得成功。另外，也没有必要让旁人的孩子都像我儿子一样接受那样的教育。

诚然，儿童教育方面的书在欧洲是非常多的，尽由一些大教育家写作出来。而我——老卡尔·威特，哈勒附近一个叫洛赫的小小村庄的牧师，作为一名神职人员，充当上帝与凡人之间的信使才是我的天职——竟来写作一本教育孩子的书，何况下面发的一些议论可能会与教义格格不入，这无疑是不得体的且是不合时宜的。但是我相信，不管谁使用我的教育法，肯定都会取得良好的效果。

但是我决定将我的教育思想和实践在这里诚实地写出来：因为我对现时流行于世的教育思想不仅不敢苟同，而且站在与之完全相反的立场上。我以为这样才能显示我对上帝的忠诚。

为了消除对我写作此书的资格的质疑，请允许我首先向诸位介绍我的儿子——小卡尔·威特的经历。小卡尔出生于1800年7月，八九岁时他已经能够自由运用德语、法语、意大利语、拉丁语、英语和希腊语6种语言，也通晓化学、动物学、植物学和物理学，而他尤为擅长的是数学；9岁时他考入莱比锡大学；10岁进入哥廷根大学，他于1812年冬天发表了关于螺旋线的论文，受到一些学者的好评；13岁他出版了《三角术》一书；1814年4月，他由于提交的数学论文卓尔不群而被授予哲学博士学位。

人们都说我儿子是天才，不是我教育的结果。如果上帝真给了我一个天才的儿子，这是上帝对我的仁慈，再没有比这更幸福的了。可是，实际情况并非如此。

我和我的妻子一直盼望着得到自己的孩子，但是在这方面我们非常不幸，我们的第一个孩子出生没有几天就夭折了，这使我们想再次拥有孩子的愿望变得愈加强烈。也许这个愿望终于感动了上帝，在我52岁时，我们的第二个孩子出生了。我给儿子取名为卡尔·威特，以表达我的喜悦之情。可是他并不是一个称心的婴儿。儿子一生下来就四肢抽搐，呼吸急促，虽然我不愿意承认，但这孩子明显先天不足。

婴儿时期的卡尔反应相当迟钝，显得极为痴呆。我无法掩饰作为父亲的悲伤，曾经哀叹："这是遭的什么样的罪孽呀！上帝怎么给了我这样一个傻孩子呢？"我的邻居们常常劝我不要为此过分担忧。他们是一些善良的人们，可是在心底里的确认为卡尔是个白痴，而且还在背地里为孩子的未来和我们的处境犯愁。

我对他们并无丝毫的抱怨之辞。当时就连卡尔的母亲也不赞成我再去花工夫培养儿子了,她绝望地说:"这样的傻孩子教育他也不会有什么出息,只是白费力气罢了。"

尽管我很悲伤,可是没有绝望。上帝怎样去安排这孩子谁都无能为力,但我却要尽到做父亲的责任,尽我的能力给他最好的教育。我在给我堂弟的信中写道:"我52岁才得到一个儿子,怎么会不爱他呢?我要用我以为正确的方法去爱他。我已制订出周密而严格的教育方案。现在儿子看起来虽然毫无出色之处,但我必将他培养成非凡的人。"

很多人都不相信我的话,甚至我的许多亲友都不相信。可以说,他们一直以一种怀疑的眼光注视着卡尔的成长过程,直到这场我在自己儿子身上所做的"天才是天赋的还是后天培养的"试验产生了明显的结果。

小卡尔已经获取了这样非凡的成就,而我不得不说,他在今后还会获取更为非凡的成就。虽然人应该以谦逊为美德,但是我对用自己的一套方法教育出来的孩子有坚定的信心。

在前面说了这么多,诸位一定觉得过于啰唆。我的思想与时下流行的完全不同,在培养儿子的过程中,一直受到教育家们的怀疑,也许是因为我的教育观念冒犯了这些权威们业已成型的信条。

好在我从未动摇过自己的信念,我始终坚信,只要教育得法,大多数孩子都会成为非凡的人才。事实也证明了这一点,连我的儿子这样生下来毫不出色的孩子,在经过精心培养以后,也能获得如此成功。

可是人们似乎并不理解。在我的孩子成名以后,人们只是一味谴责其他教育家的无能,甚至责怪他们为什么不能把孩子教育成像卡尔那样的人。这样其实毫无益处，只会让那些教育家们对我更加敌视。

我写作此书的目的既是为了减少反对派对我的敌视，也是为了向人们阐明正确的教育观。我要说的观点只有一个：对于孩子来讲，倘若家庭教育不好，就是由那些最优秀的教育家进行最认真的教育，也不会有好的效果。

第一章
欢迎你,我的孩子

>>>>>>>>>>>

国民的命运,与其说是操在掌权者手里,倒不如说是握在母亲的手中。

有一个好妻子对养育我的孩子有多么重要

对我们这些向人间传播上帝的爱和旨意的人来说,孩子无疑是顺从上帝的意愿来到这个世界的。这个世界对于孩子是奇怪的、陌生的,孩子对于世界则是无力的、软弱的。作为上帝的使者,我的使命是竭尽全力使自己的孩子坚强有力,使他顺顺当当地成长,尽情地享受生活的乐趣。而要做到这一点,在孩子成人之前,我想应使他尽量具备人性的美德和健康的体魄。

多数父母都是在孩子长到两三岁时才注意到这一问题的,但若要完成这一义务,则必须从尚未为人父母时就开始注意,也即是说,我们自己应合乎上帝的要求,必须健康、合格。

虽然人们常说"近亲可以培养出最好的马和最好的狗",可是这并不适用于人类。在我身边就有这样的例子,而这样的事情对于人间确实很惨痛:邻村的木匠汉森和自己的表妹结婚,他们一共生了十个孩子,其中三个夭折,其余七个都患有不同的疾病。汉森和他的妻子两个家庭在我们这地方都是世代人丁兴旺,但汉森居然没有后代来延续自己的家族。现在已近老年的汉森常常因此伤心落泪,但为时已晚。

我之所以要举这个例子,是想说明近亲结婚生下的孩子往往会患上各种各样的疾病，给家里的人带来痛苦而不是幸福，这与达到最好的教育目的无疑是南辕北辙。

所有的人都是母亲所生，并在母亲的抚育下成长着，所以人类的命运操在母亲手中。因此，教育应当从改造母亲开始。

许多母亲缺乏教育孩子的知识。我认为，有必要对她们普及育儿知识。

我认为应当从小时候开始，就使她们身体健全、精神纯洁，准备做一个合格的母亲。因此，她们的身体健康和有关道德方面的知识，比数学和天文学的知识更为重要。当然，研究天文学和物理学是有趣的，但是，二者相比，如何培育优秀后代的知识更为重要。

所有的人都应当是教育者，至少所有的母亲应当是教育者。教育不应该在学校由教师开始，而应在家庭里由母亲开始。福禄培尔曾说："国民的命运，与其说是操在掌权者手中，倒不如说是握在母亲的手中。因此，我们必须努力启发母亲——人类的教育者。"遗憾的是真正理解这一意义的人却很少。左右国民命运的是母亲。堕落的母亲正在把自己的子女送入牢狱和教养院。因此，寻找一个好的妻子，对养育孩子来说是多么重要。

有些人在寻找自己的结婚对象时，常常根据自己的情况，暗藏各种不同的想法，这种人让我感到厌恶。有人说，你看我的家境不够好，难道还能挑三拣四吗？也有人说，为了婚后的生活，我非得找一个有钱人家的姑娘不可。还有人说，为了今后飞黄腾达，在人世间取得令人顶礼膜拜的地位，别的都可以不去计较，我必须娶一个出身名门的姑娘为妻。还有人说，我是对我妻子的舞蹈着了迷才向她求婚的。也有人说，由于妻子长得漂亮，我才和她结婚的。

要知道，这些都是错误的。为了自己和后代的幸福，很重要的是，我们一定要选择身体健康、心地纯洁、温柔、善良的女人做妻子。我认为，只要对方没有家族性病症和众所侧目的缺陷，大可不必为了某种目的去选择配偶。男子在做父亲之前，要充分锻炼身体，让精神尽量发展。

妇女不生孩子就不能体会到生活的幸福。但要记住，做母亲必然会遇到许多困难。因此，凡是没有决心战胜这些困难的妇女，最好不要生孩子。

此外，适宜的年龄对生育孩子也有很大的影响。很多妇女并不知道，怀孕的机会是随年龄而下降的。她们不懂得，如果长期等待下去，错过了时机，她们就有可能永远失去做母亲的机会。同样，高龄男子生育孩子也是有害的。一般来说，智力和体质最好的孩子，其父亲生育年龄在29岁左右，母亲在26岁左右。

我们这里有一种风俗习惯，结婚时，要大摆酒席，我认为应当制止。近来，又流行竞相邀请新婚夫妇参加舞蹈会、打牌和晚餐会的风气。这对新郎无所谓，而对新娘则非常不利。前些时候，我有位朋友，他女儿结婚时，据说一周之内被邀请参加15次晚餐会。她因疲劳过度头疼，每次都是硬撑着出席。这简直是对新娘的虐待。新娘在结婚之前，就由于接待来访客人，又被邀请出席晚餐会等，非常繁忙。结婚的那天因操劳也很疲乏，然后，马上进行极不安定的新婚旅行，紧接着又走访男方的亲戚，使她更加疲惫不堪。一返回家中，就又被邻居轮流邀请参加舞蹈会、晚餐会，这不是对新娘的虐待又是什么呢？这样一来，许多新娘从结婚之日起，身心就受到损伤，恐怕也会影响到她们的子女。

我的妻子不算是那种非常漂亮的女人,但我们非常相爱。我之所以娶她做我的妻子,是因为她有一颗善良的心。她勤劳,知书达理,并且在任何情况下都能理解和支持我。虽然我是一个清贫的牧师,没有丰裕的物质生活,但我从来没有听到过她任何的抱怨。在有了卡尔之后,她把自己的母爱毫无保留地倾注在孩子身上。面对上帝我时常这样想:卡尔之所以有今天的辉煌,与他母亲那一颗天生善良的爱心是分不开的。

从妻子孕育宝宝的那一天就开始注意

所有的父母们都渴望生下天才,希望他出人头地,我和妻子也不例外。但是,有一点我很清楚,世上事往往难如人意。在儿子未出生之时,我和妻子都沉醉在即将为人父母的激动之中。虽然那种喜悦让人难以控制,但我们常常询问自己:"这孩子行吗?"

为了能有一个健康的孩子,在妻子还未怀孕之时,我们就开始充分注意自己的精神和体质。

怀孕的最佳时期,医生的建议是七八月份。因为这个季节正是各种蔬菜、水果最丰富的时期,妇女在这个季节怀孕,可以为胎儿提供充足的营养素,而且这个季节的空气质量相对较好,有利于胚胎早期的正常发育。

十月怀胎,到次年的五六月间孩子出生,此时正值春暖花开,万物生长迅速,为婴儿提供了好的生长环境,这样能够最大可能地避免畸形儿的出生。

虽然德国人都喜欢饮酒,但幸好我没有这种爱好。我在此奉劝那些好饮酒的父母,为了孩子的健康着想,必须放弃饮酒的习惯。我们夫妇在要孩子时,我的一位医生朋友就告诫过我,如果酒后受孕,胎儿往往发育缓慢,智力也较为低下,特别是妇女饮酒,后果尤为严重。因此，夫妻双方至少应在受孕前三个月开始戒酒。

有人主张，所有的妇女应尽可能地成为多子女的母亲，我认为这是不对的。孩子，最重要的是质量而不是数量。单纯地多生，只能给社会增负担。连抚育都费力，当然谈不到好的教育，这样的多生有什么用呢？前些天，在报纸上有这么一段报道，在英国有位妇女生了20个小孩。这位妇女对来访的记者哭着诉说贫困之家多子女的悲痛。这说明，单纯地多生子女是毫无价值的，应当少生孩子，重要的是把孩子精心培育好。

我们有义务竭尽全力使自己的孩子克服各种障碍，把他们送到社会上去，也就是要他们尽量具备优秀的品德和健康的体魄走向社会。我认为奢华往往使人易于沉溺于享乐的心情之中，不易做到神清气爽。为了完成这一义务，在孩子出生之前我和妻子在衣、食、住上都非常朴素、节俭。为了呼吸到新鲜的空气，就不应该老是整天待在屋子里，所以我和妻子时常到户外散步走动，在田野之中享受大自然的美丽，那样很容易使我们的心胸开阔。我和妻子的性格都很好，对身边任何琐事始终都保持心平气和，很少有感情冲动的时候。

在那段日子里，我们的生活是安宁和称心如意的。我想，在我和妻子都充分注意我们自身的精神和体质的情况下生下来的孩子一定会身心健康。

如果父母在婴儿身边打架、争吵或者是提高嗓门，婴儿就会接受这种情绪上的表达方式，并逐渐适应这种环境。一个5个月大的婴儿已经能够记住一支小提琴协奏曲；同样，在他结婚的时候，他也已经做好了与自己配偶争吵的基本准备。

如果一对相亲相爱的夫妻结婚后不久就生了孩子，那么，因为这个孩子是他们的第一个孩子，家里每一个人的心里一定都洋溢着幸福之情。在孩子的成长过程中，他所看到的总是充满笑容的慈母般的脸庞，那么，这个婴儿一定也会拥有一张人见人爱的面孔。婴儿的面部表情不是教出来的，而是通过适应环境自然而然地形成的。同样，一个孩子的个性也是这样形成的。

但是，假设一对中年夫妇有了一个孩子，父亲有时候外出，晚上也不回家，夫妻二人的关系十分紧张，家里总是被愁云惨雾所笼罩。尽管这个孩子也是他们的第一个孩子，但是他听不到笑声，他的母亲终日以泪洗面、郁郁寡欢。这样，这个婴儿的表情也将变得阴郁、毫无生气，他的个性也会与母亲相似。

环境决定一个人的个性，这一现象具有相当的普遍性。当别人问起我的时候，我经常对孩子的父母说这样的话："今天你们回到家里以后，让你们的孩子们站成一排。然后你们两个按照年龄的大小，依次观察他们的脸庞。你们将会看到，这些孩子的脸上写着你们结婚以后的生活阅历。"新生婴儿就是以这种惊人的方式从相貌上反映出自己成长的环境。

一个婴儿从出生的那天起，从外界环境中受到的最大影响来自母亲。当然，父亲也会影响一个婴儿的成长，但是，通过把孩子抱在怀中哺乳而形成的母婴关系是无法割断的，是维系终生的。因此，一个母乳喂养长大的孩子和自己母亲的感情，与一个喝奶粉长大的孩子和母亲的感情是不同的。婴儿在无形中捕捉、吸收了父母的个性、行为以及其他各个方面，并在成长过程中逐渐效仿。

我和妻子在怀孕之前都非常注意这一点。

在那些时间里，我们经常运动，无论到哪里都是步行着去，不到非常必要的时候绝对不坐马车。那时我们都对未来的儿子充满信心，而妻子的性格也很开朗。我们时常到田野散步，或者去周围的山坡上徒步爬山，我还经常帮着她去摘野花呢。我认为，这样不仅对将来的孩子有利，也增进了我和妻子之间的感情。

我和妻子的感情一直很好，几乎没有什么争吵。我认为，仅仅为了未出生的儿子我们也应该和睦相处。

孕妇应当保持愉快平静的心绪，这尤其需要丈夫的配合。在妻子怀孕期间，丈夫应在各方面体贴关心妻子，减少妻子的情绪波动；保持良好的情绪状态，这样才会有更大的把握生出一个聪明健康的小宝宝。邻村有一个5岁的孩子约瑟夫，从小就性情暴躁易怒，是个抚养困难的儿童。他的暴躁、孤僻的性格是由他母亲怀孕时的不良情绪造成的。原来他母亲在妊娠期间经常被他的父亲殴打，终日忧心忡忡。这种一直持续的心境导致腹中胎儿还未出生就受到了坏情绪的影响，以致出生后就表现出暴躁、易怒、孤僻的性格特点。

一旦妻子怀了孕，就更应当过有规律的生活。这不只是给做妻子的说的，而是给夫妻双方说的，我也毫不例外。我们安排了严格的作息时间，尽量做到早睡早起。以前我有深夜祈祷的习惯，这种习惯是在年轻求学时养成的。

因为我是一个爱思考的人，夜深人静之时更容易让我有清晰的思路。每当人们熟睡之后，我总会独自一人在灯光下看书，静静地品尝书本的滋味。这对我来说，简直是人生的一大乐趣。自从妻子怀孕后，我不得不改掉这种习惯，因为我知道怀孕时的女人特别需要丈夫的体贴。何况，我在深夜读书，一定会影响妻子的休息。虽然失掉了深夜读书和与上帝交流的乐趣，但为了妻子和将来的孩子，我认为是值得的。

在关心妻子上，我自认为是个合格的丈夫，为了让她保持愉快的心境，我可以说想尽了一切办法。不管是在她的饮食或其他方面，我都力求尽善尽美。

饮食要清淡，绝不可食用刺激性太强的食物，要常喝清水，经常去野外运动，保持身体清洁，一丝不苟地完成自己的本职工作。与人和睦相处，信仰上帝，有说有笑，使生活安定和满足。

妻子很喜欢泡热水澡。她把一天劳累后洗一个热水澡视为一种享受。但是在她怀孕期间，我坚决制止了她的这一嗜好，因为过高的水温对她虽然很舒服，但对胎儿却有极大的害处。

虽然快要做母亲了，但妻子毕竟是个很年轻的女人，有时也会任性。对于我这个做丈夫的男人来说，哄哄她也是常有的事。

有一次，妻子趁我不在时，又开始泡热水澡。后来被我知道了，便开始责怪她。

"你怎么又那样做呢？我不是给你说过，过高的水温是对孩子有害的吗？"

"哼，你就知道孩子。自从怀了孩子，我发现你所做的一切都是为了孩子，你不像以前那样关心我了。"妻子假装生气地说。

"怎么能这样说呢？孩子是我们共同的孩子，关心他还不是关心你吗？现在泡热水澡确实对孩子不利，等孩子出生后，你想怎么泡就怎么泡，我才不干涉你呢。"

"可是，这几天我没有出门，浑身不舒服。仿佛身上的肌肉都变酸了，难受死了。"妻子调皮地辩解，"你不是总说，母亲如果不愉快就不会生出健康的孩子吗？我不泡热水澡就不愉快，你说该怎么办？"

虽然妻子是在与我开玩笑，但也有她的道理。于是，以后每天我都要女佣给她准备热水烫脚，并亲自用热毛巾给她擦身子。

那段日子是我至今难忘的。我不像很多人那样在妻子怀孕后便对她有所冷落，相反那时我们之间的距离是那么的近。那是一种特有的幸福，虽然孩子还没有出生，但我们已经感觉到他了。

在妻子怀孕期间，我每天从外面带回好看的鲜花，并给她推荐一些好看的书，都是为了让她有快乐的心情。我也在很多方面给予妻子更多的关怀、理解和体贴。有时候妻子的情绪不好，我就耐心地引导她和我说话，在感情上进行交流，尽快让她从不好的心境中摆脱出来。

有一天，妻子的情绪突然笼罩在一种不安和恐惧之中，那天我从外面布道回来，按平常的习惯我首先要做的是去向妻子问好并亲吻她，可当我一走进房间就发现妻子有些不对劲。

"亲爱的，你怎么啦？"我问妻子。

妻子只是哀怨无助地看着我，一句话也没有说。

当时我感到很奇怪，因为妻子的性格一直很开朗，有什么事让她如此忧伤呢？她一直呆坐在那里，两眼无神，满脸的忧郁。

我赶忙过去将她轻轻搂住，并柔声地问她："有什么不舒服吗？告诉我，我们不是一直都很幸福吗？你不是什么话都要给我说吗？今天究竟怎么啦？"

"卡特琳娜的儿子死了。"妻子的语调无助之极。

卡特琳娜是我们镇上的一位妇女,她的儿子刚刚一岁,身体一直不好。这个孩子一生下来就得了一种怪病,全镇的人都知道。没想到那个可怜的孩子这么快就离开了人世。由于那天我去了另外一个教区,否则我一定不会让妻子知道这个消息,因为对于一个已经怀孕的妇女,这种消息是最难以接受的。

"今天,他们来找你,可是你不在。听到这个消息后,你不知道我有多难过。我突然想到了我们的孩子。"妻子悲伤地说道。

"哦,亲爱的,千万不要那样想。"我完全能理解妻子的苦恼,连忙劝慰她,"卡特琳娜的孩子生下来就有病,虽然我没有想过这么快就……但是,我们的孩子一定没有问题的。"

"可是,我们的第一个孩子不是也夭折了吗?"说到此处,妻子大哭起来。

当时真让我手忙脚乱,但我还是竭力地控制住自己,帮助妻子从悲伤之中挣脱出来。

"亲爱的,不要想得太多。我们第一个孩子的夭折,那是上帝的安排,是没有办法的事。我们不能总是停留在过去,应该向前看。我每天向上帝祈祷给我们一个健康的孩子,我想上帝是不会辜负我们的。我听说卡特琳娜在怀孕时就成天和丈夫吵架,每天都处在不愉快之中,所以她的孩子才不健康。为了我们的孩子,我希望你快乐起来。"

"这个我知道,可我就是忍不住。"妻子哭着说。

"来,让我来帮你。你应该尽快忘掉不愉快的事,想想我们即将出生的孩子的模样,他一定是个很棒的小子。试试看,做一个深呼吸。"我一边说,一边给妻子做示范。

妻子也跟着我做起深呼吸来。一会儿，她的心情好多了。那天晚上，我特意把所有的时间都用来陪伴妻子，给她谈我的工作和我最近看的一本书。第二天，妻子已经完全从悲痛中走了出来，恢复了往常的开朗。

意大利画家达·芬奇说过："同一个灵魂支配着两个躯体……母亲的愿望对其腹中的胎儿不断产生影响……母亲的意志、希望、恐惧以及精神上的痛苦对胎儿的严重影响，大大超过对母亲本身的影响。"

孩子，父母和你一起成长

有人对我说，伟人的孩子一定会是伟人，至少都会有很大的成就。但我并不这样认为，因为伟人过于热衷于事业而无暇关注孩子，而妻子也往往由于丈夫是伟人而无心教育孩子，她们只关心成功的丈夫，而忽略了孩子。

其实，母亲的教育对孩子极为重要，从我有限的知识来看，历史上的伟人往往有一个善于教育孩子的母亲。我的儿子卡尔取得了这些成就，也要感谢他的母亲。因为我的妻子不仅心地善良，而且具有丰富的知识。无论是在儿子教育方面还是在生活常识方面，她都堪称为一名合格的母亲。可以说，在儿子的培育上，我和妻子经历了一个与儿子一起成长的过程。

我妻子是个非常坚强的女人，她时常对我说为了让孩子在未出生时就能成为一个勇敢的人，自己就要变得更加坚强。所以，在怀孕期间她几乎没有哭过，即使有难过和伤心的事，她也能从瞬间的痛苦中挣脱出来。我认为妻子的做法是完全正确的，因为怀孕期间的母亲如果心情不快乐，经常哭泣，那么会直接导致未来的婴儿发育不良，而发育不良是成为软弱无能者的原因之一。

孕妇听优美动听的音乐可使情绪愉快，这种良好的情绪感受能够传递给胎儿。另外，胎儿也可通过孕妇腹壁直接感受到音乐，这可以促进胎儿感官功能的发展。实际上，怀孕5个月的胎儿就已经具备了听觉条件。

有一位著名的指挥家曾经说起一段亲身经历。他第一次登台就可以不看乐谱进行指挥，旋律不断地浮现在他的脑海中，他十分惊异地将此事告诉母亲，母亲回忆说："你指挥的曲子正是我怀你时经常演奏的曲子。"可见音乐胎教对孩子的影响有多么深远。

孕妇经常听和谐轻松的乐曲，腹中胎儿也会心旷神怡，母亲会感觉到柔和而有节奏的胎动。如果让孕妇听声音高强的音乐，胎儿则会在母腹内胡踢乱蹬，烦躁不安。强烈的噪音有可能造成胎儿先天性的缺陷，而孕妇自己唱歌则对胎儿更为有益。

妻子天生有一副动听的嗓子，结婚之前在我们那里她是一个有名的姑娘，谁都知道她歌唱得很好。在怀孕期间，她时常轻轻地歌唱，并对我说孩子一定听得到。

除了让腹中胎儿听音乐和唱歌外，我和妻子还经常隔着腹壁呼唤儿子，跟他说话，或唱歌给他听，这是一种沟通我和妻子与孩子间感情的信息。

卡尔出生后听到我们呼唤他的声音就会做出回应，似乎感到十分熟悉的样子，对脱离他母亲的身体以后的陌生环境并不感到陌生，很快就适应了，这不能不归功于他在他母亲腹中时我们跟他的感情交流。

她每天傍晚平卧在床上，腹部放松，双手捧着胎儿，用一根手指反复轻压胎儿，与之玩耍，并轻轻推动胎儿，让他在腹中"散步"，进行腹中的体操锻炼，后来儿子出生后，果然动作发展很突出，肌肉的活力较强，特别是竖向的肌肉力量较强，出生后没几天就能坐起来了。

在给胎儿做体操时妻子时时注意不可使胎儿过分活动，以免发生脐带缠绕等意外事故，另外，如果感觉胎儿在腹中踢蹬不安时，妻子也会立即停止，并进行抚摸，使胎儿安静下来。

孩子的母亲在怀孕期间非常讲究饮食，用她的说法就是"我的一切都会影响到孩子"。她在怀孕期间从来不吃辛辣的东西，咸菜、虾这一类的东西也一概不吃，连她最爱吃的油炸咸鱼都戒掉了。她说"我的宝贝一定不能吃这些东西"——这些东西会破坏胎儿娇嫩的皮肤。她还说："虽然是自己吃而不是喂给孩子，但那些东西到了肚子里后肯定会被孩子吃掉。"

她还对怀孕期间的营养非常注意。在妻子怀孕前不久，村子里有位叫杰丽的女人，也刚刚生下一个孩子。杰丽经过十月怀胎的艰辛，终于到了临产的时刻了。

她多么希望能生下一个健壮可爱的孩子啊！可是孩子生下来以后，她却傻眼了。那个粉红色的小家伙特别瘦小，医生说还不足 2000 克，这样的孩子要想顺利地养大，需要母亲付出几倍的心血。造成这样的原因就是杰丽对营养始终不太在意，有什么吃什么，很少想到腹中的胎儿需要什么，就这样，导致孩子生长缓慢，出生后体重也明显不足。

对怀孕的妇女来说，所食的米、面都不宜过分精细，加工过于精细的米面会失去许多的营养成分。蔬菜，尤其是绿叶蔬菜的摄入和鲜豆类食品的补充也是必要的，柑橘、枣、山楂等水果也可以多选用，鱼肉和蛋黄也是孕妇的理想食品，对胎儿则适于少食多餐。

第二章
儿子的天生禀赋与后天教育

>>>>>>>>>>>

人刚生下来时都一样,仅仅由于环境,特别是幼小时期所处的环境不同,有的人可能成为天才或英才,有的人则变成了凡夫俗子甚至蠢材。即使是普通的孩子,只要教育得法,也会成为不平凡的人。

儿童潜能的递减法则

即便在小卡尔经过教育后表现出许多优于寻常儿童的方面，仍有许多人认为，他的才能是天生的，并非教育的结果。对此，我感到实在无可奈何。儿子出生时的情形，我在前面已经描述过了，诸位可以看出他不仅不是什么天才，反而像是个痴呆的孩子。

看着儿子的这种情形，我既伤心又着急，但并没有放弃自己的主张。为了儿子在成长中不至于落在同龄人后面，我决定仍然按计划进行早期教育的试验。我想，既然这孩子天生的禀赋不太好，那么就一定要尽力使孩子的禀赋发挥出八九成，甚至更多。要做到这一点，对儿子的教育必须与儿子的智力曙光同时开始。

那么，为什么早期教育能够造就天才呢？要明白这个道理，就要从儿童的潜在能力谈起。根据生物学、生理学、心理学等学科的研究，人生来就具备一种特殊的能力。

不过，这种能力隐秘地潜藏在人体内，表面上是看不出来的，我们称这种能力为潜在能力。比如，这里有一棵橡树，如果按照理想状态生长的话，可以长到30米高，那么我们就说这棵树具有能够长到30米高的可能性。同样的道理，一个儿童，如果按照理想状态成长，能够长成一个具有100度能力的人，那么我们就说这个儿童具备 100 度的潜在能力。

这种潜在能力就是天才。因此，天才并不是我们平常所认为的那种只有少数人才具有的禀赋，而是人人内心都潜藏着的。

可是，要达到理想状态，总是很不容易的。即使橡树具备长到 30 米高的可能性，要真长到 30 米高还是很困难的，一般可能是 12 米或者是 15 米左右。假若环境不好，则只能长到 6 米到 9 米。不过，如果给它施肥，好好侍弄，则可以长到 18 米或者 21 米，甚至也可以长到 24 米或 27 米。同样的道理，即使是生来具备 100 度能力的儿童，如果完全放任不管，充其量也只能变为具备 20 度或者 30 度能力的成人。也就是说，只能达到其潜在能力的二成或者三成。

但是，如果教育得好，那么就可能达到具备 60 度或者 70 度，乃至 80 度或者 90 度的能力，也就是说可能实现其潜在能力的六成或者七成，甚至八成或者九成。

需要提醒诸位特别注意的是，儿童虽然具备潜在能力，但这种潜在能力是有着递减法则的。比如说生来具备 100 度潜在能力的儿童，如果从一生下来就给他进行理想的教育，那么就可能成为一个具备 100 度能力的成人。

如果从 5 岁开始教育，即便是教育得非常出色，那也只能成为具备 80 度能力的成人。而如果从 10 岁开始教育的话，教育得再好，也只能达到具备 60 度能力的成人。这就是说，教育开始得越晚，儿童的能力实现就越少。这就是儿童潜在能力的递减法则。

产生这一法则的原因是这样的，每个动物的潜在能力，都各自有着自己的发达期，而且这种发达期是固定不变的。当然，有的动物潜在能力的发达期是很长的，但也有的动物潜在能力的发达期是很短的。不管哪一种，如果不让它在发达期发展的话，那么就永远也不能再发展了。例如小鸡"追从母亲的能力"的发达期大约是在出生后4天之内，如果在这期间不让它发展，那么这种能力就永远不会得到发展了。所以如果把刚出生的小鸡在最初4天里不放在母鸡身边，那么它就永远不会跟随母亲了。

小鸡"辨别母亲声音的能力"的发达期大致在出生后的8天之内，如果在这段时间里不让小鸡听到母亲的声音，那么这种能力也就永远枯死了。小狗"把吃剩下的食物埋在土中的能力"的发达期也是有一定期限的，如果在这段时间里把它放到一个不能埋食物的房间里，那么它的这种能力也就永远不会具备了。

我们人的能力也是这样。最著名的例子是英国司各特伯爵的儿子。司各特伯爵夫妇携带他们的新生婴儿出海旅行，行至非洲海岸时遇到大风暴，船被巨浪打翻，全船的人都遇难了，只有司各特伯爵夫妇带着儿子爬上了一个海岛。

那是个无人的荒岛，岛上长满了热带丛林。司各特伯爵夫妇很快就被热带丛林里的各种疾病夺去了生命，只留下孤零零的小司各特。后来一群大猩猩收养了只有几个月大的小司各特，他就跟着这班动物父母成长。

20多年后，一艘英国商船偶尔在那里抛锚，人们在岛上发现了小司各特，他已经长成一位强壮的青年，跟一群大猩猩在一起，像大猩猩那样灵巧地攀爬跳跃，在树枝间荡来荡去，他不会用两条腿走路，也不会一句人类的语言。人们将他带回英国，引起了巨大的轰动，也引起了科学家们的极大兴趣。科学家们像教婴儿那样教导小司各特，力求他学会人的各种能力，以便他能够重归人类社会。

他们花费了10年工夫，终于让小司各特学会了穿衣服，用双腿行走，虽然他还是更喜欢爬行。但是，他始终也不能说出一个连贯的句子来，要表达什么的时候，他更习惯像大猩猩那样吼叫。

之所以出现这种情况，就是因为学习语言的能力的发达期是在人的幼儿时期。小司各特当时已经20多岁了，他错过了学习语言的最佳时期，他的这种能力永远消失了。

孩子从胎儿期到出世，脑子已得到了极大的发育，小孩在出生时，其大脑皮质以下部分与成人已经相差不大了，但大脑皮层还需要继续发育。0～7岁是小孩脑发育最迅速的时期，尤其以0～4岁最明显，这4年里，孩子的脑发育将达到成人75%～80%的水平。所以，在这一阶段，孩子需要良好的教育环境和充分的刺激，促进脑的发育。到儿童12岁的时候，他的脑发育基本完成，如果此时脑发育还不充分的话，之后就很难恢复了。这就说明，人类脑发育的速度也是遵循递减规律的，0～4岁最快，以后逐渐减慢。

所以教育孩子的第一要旨就要是杜绝这种递减。而且由于这种递减是因为未能给孩子发展其潜在能力的机会致使枯死所造成的，因此，教育孩子的最重要之点就在于要不失时机地给孩子以发展其能力的机会，也就是说要让孩子尽早发挥其能力。

一切取决于如何养育孩子

哲学家卢梭在他的教育学著作《爱弥儿》一书中有如下一个小故事：这里有两只狗，它们由一母所生，并在同一个地点接受同样的教育，但是，其结果却完全不一样。其中一只狗聪明伶俐，另一只狗则愚蠢痴呆。这种差异完全是由于它们的先天性不同造成的。

与之相对的是著名教育家裴斯泰洛齐的一段寓言：

有两匹长得一模一样的小马。一匹交由一位庄稼人去喂养，但那个庄稼人非常贪得无厌，在这匹小马还没有发育健全时就被使用来赚钱，最后，这匹小马变成了无价值的驮马。与上述这匹命运迥异的是，另一匹小马托付给了一个聪明人，最后在他的精心喂养下，这匹小马竟成了日行千里的骏马。

以上两则小故事代表了有关天才与成才的两种截然相反的观念。前者强调的是天赋，认为人的命运是由其天赋的大小决定的，而环境的作用是次要的。与此相反，后者则几乎视环境的作用为万能，认为天赋的作用毫不重要。

自古以来，在关于孩子的成长问题上，很多人更倾向于卢梭派的学说，支持裴斯泰洛齐派学说的人寥寥无几。爱尔维修无疑是裴斯泰洛齐派的先驱者。爱尔维修曾经说过："人刚生下来时都一样，仅仅由于环境,特别是幼小时期所处的环境不同,有的人可能成为天才或英才,有的人则变成了凡夫俗子甚至蠢材。即使是普通的孩子,只要教育得法,也会成为不平凡的人。"

在儿子还没生下来以前,我已经坚信这一说法,并且常常向别人宣传。当然爱尔维修的言论也有其片面性,他在强调环境对孩子成长的作用时,忽视了他们在天赋上存在的差异。

对这一点我有充分的认识,我绝不像爱尔维修那样不承认孩子的禀赋有所不同。所以,虽然我也倾向于这一派,但并不是完全站在这一边的,我还有我自己的看法。

我绝不是否定遗传的重要性。但是遗传对孩子的命运来说,已不像很多人所想的那样有强大的决定力。

我的看法是:孩子的天赋当然是千差万别的,有的孩子多一点,有的孩子少一点。假设我们最幸运地生下一个禀赋为100度的孩子,白痴的禀赋在10度以下,一般孩子的禀赋大约只能在50度左右了。

当我们说某些孩子有天赋的时候,这些孩子往往已经长到了五六岁。如果面对一个新生的婴儿,一定不会有人说,"这个婴儿以后会成为一个优秀的音乐家",或者:"这个婴儿将来会成为一个了不起的文学家"。

断言一个五六岁的孩子具有什么样的先天能力,与断言一个初生的婴儿具有什么样的先天能力是不同的。前者是教育的结果,因为人们的评价依照的是五六岁以后的情景。

如果所有孩子都受到一样的教育,那么他们的命运就决定于其禀赋的多少。可是今天的孩子大都受的是非常不完全的教育,所以他们的禀赋连一半也没发挥出来。比如说禀赋为 80 度的，可能只发挥出了 40 度；禀赋为 60 度的，可能只发挥出了 30 度。

因此，倘能抓住时机实施可以发挥孩子禀赋八成到九成的有效教育，即使生下来禀赋只有 50 度的普通孩子，他也会优于生下来禀赋为 80 度的孩子。当然，如果对生下来就具备 80 度禀赋的孩子施以同样的教育，那么前者肯定是赶不上后者的。

不过我们不要悲观，因为生下来就具备高超禀赋的孩子是不多的，大多数孩子，其禀赋都只在 50 度左右。何况如果我们按照前文所述的方法进行生育，孩子的禀赋绝不致过差，甚至得到高超禀赋的孩子的机会也是很大的。

当然，我们承认孩子们的天赋之间存在差异，正如我们承认种子有优劣之分，但要了解，一个糟糕的种植者可能会使一颗优良的种子中途枯萎或者根本无法发芽生长，而一个高明的农业师则可能使普通的种子生机盎然，茁壮成才。

没有一个孩子生下来就注定会成为天才，也没有一个孩子命定一生会庸碌无为，一切都取决于后天的环境，取决于后天的培养和教育，父母则是其中最为直接和关键的因素。

事实上，是父母操纵着孩子的前途和命运，决定着孩子的优劣成败。父母的信心和正确得当的教育观念是缩小乃至消除孩子之间天赋差异的关键所在。

我的学说在百年以后，很可能被遗弃。因为到那时对孩子们的教育很可能已经普及，很多孩子都能受到有效的教育了。

我的儿子是刚刚萌芽的幼苗

我曾经用植物之间的关系来比喻父母和孩子之间。如果说父母是成熟的植物，那么孩子就是刚刚萌芽的幼苗。如果幼苗得不到精心的呵护和培养，它就不会开出美丽的花朵来。

如果孩子出生以后，他的父母就一直把他抛在一边直到他上小学的时候，然后说"从现在开始教育"，就好像突然之间给一株已经枯萎或者正在枯萎的幼苗大量施肥，同时让它晒太阳、给它浇水一样。对于已经枯萎的幼苗来说，这一切都已经太晚了。

每个人都具有强大的生命力和无限发展的可能性。如果对这些视而不见，我们就犯下了不可饶恕的错误。每一位疼爱子女的父母都希望自己的孩子出类拔萃、生活幸福，但是，大多数父母都在不知不觉中宠坏了孩子，或者是让他们感到不快乐。

造成这种结果的原因在于，他们没有认识到孩子身上强大的生命力。大多数人根本没想过，对孩子进行培养，使他们拥有良好的个性和突出的能力有多么重要。这种忽视行为实际上就相当于一出生就把他抛弃了。

有位博士曾这样说过："孩子的教育就同烧陶瓷一样，最终的结果如何很受最初的影响，而且势必决定其最终的成就。小孩只要从小教育，就可以成为音乐家、画家、诗人、学者，等等。"

可是，有的人也许会说："成为音乐家就需要有敏锐的耳朵，如果没有敏锐的耳朵，再怎么早教他音乐也不行。而敏锐的耳朵是一生下来就有的，所以你的教育我不信。"我们可以对此说法提出反驳，有没有敏锐的耳朵，这是对小孩到长大以后才说的话。如果从两三岁时开始训练，是完全可以培养出敏锐的耳朵来的。心理学家所说的视觉型和听觉型，也是后天的而不是先天的。有的人说如果三代都是音乐家，才能出一个大音乐家。这种说法很错误的。从莫扎特的例子来看，他成为那么伟大的音乐家，是由于他出生于充满了音乐气氛的家庭里，从小就熏陶了对音乐的爱好。

米开朗琪罗生下来不久就被送到乡下去寄养在别人家里，他的保姆是位石匠的妻子。后来他说不仅在这个家庭里吃了保姆的奶，而且从小就爱上了锤子和凿子。可是他的家是非常有名的豪门世家，而且非常反对他成为雕刻家。但当他的内心之火已经燃烧起来以后，家人也无可奈何了。

林内家住在湖泊之滨，周围有野花、有森林、有鸟鸣、也有小鱼游泳。他所以能成为大生物学家，就是因为生长在这样的环境里。这样的例子举不胜举。

但是按理想来说，父母教育孩子不应先确定培养成音乐家或画家等。就像我培养卡尔，首先以把他培养成完美的人作为目的。至于将来他是成为学者，还是成为政治家、发明家、企业家等，这应让孩子本人选择。而一个人的品质如何，很大程度上取决于幼年时期所受的教育如何。所以说国民的道德如何，取决于这个国家的人民对其子女的教育如何。在世界各地，人们崇尚不同的伦理，信奉不同的主张。但是，不论东方人的天命论和宿命论也好，希腊人的知识主义、艺术主义、自由主义也好，罗马人的保守主义、黩武主义也好，犹太人的宗教主义、热情主义也好，这些都是他们在幼年时期所受教育的结果。

柏拉图曾经在他的《理想国》中对他心目中的未来的理想国家有过全面的描绘。在他所勾勒的那个理想国中，"子女教育是社会的基础"。这一见解实在高明。

如果说人如同生长的植物，小时候就形成了他一生的雏形，那么幼儿时期就好比刚刚萌芽的幼苗，给予什么样的教育就会形成什么样的雏形。威廉曾经说："幼儿是成人之母。"此言确实千真万确，我们谁也无法否认，成人的基础是在小时候形成的。

根据上述理论，如果对生下来就具备高超禀赋的孩子施以高明的教育，那他的发展就是不可估量的。

但遗憾的是，人们对天才的教育往往是失败的。父母总是只着眼于孩子的天赋，而不注重全能培养，对孩子过分挑剔，要求太高，最终只会引起孩子的逆反、压抑与怨恨。因父母施加的压力过大而半途而废的天才不在少数。

卡尔·冯·路德维希是一个著名而悲惨的例子。卡尔是一个学业天赋极高的孩子，但因为父亲不停地催逼他，一心想使他过早地功成名就，他半途而废了。

卡尔的父亲亲自教儿子高等数学，强迫他在醒着的每一分钟都得学习。他反对一切与学业无关的兴趣，体育、游戏、对大自然的探索对他来说无足轻重。卡尔8岁时父亲就让他上大学水平的数学课程，9岁时他就在学习微积分并尝试写剧本了。他不断跳级，仅用三年时间就修完大学课程，11岁大学毕业。他主修数学，大学的教授们预言卡尔会成为一名世界级数学家。

然而，开始的辉煌瞬间转为暗淡。卡尔在上研究生院的一年后，对数学全然失去兴趣，随即转入法律学院，但很快也对法律失去了兴趣。最后他从事办事员工作，既不用思考，也不用担责任。

我听说的这两个实例说明，正确的教育方法是极其重要的。如果实施了错误的教育方法，不要说禀赋一般的孩子了，就是拥有高超禀赋的孩子也会被扼杀掉。

一般人对才能教育和早期教育持批评的看法，之所以如此，原因之一是：他们担心像刚才所举的例子一样，即使少年小时候多么具有学习的才能，如果他不能幸福地度过自己的一生，不能凭才能从事一项很好的工作，那也不是毫无用处吗？不错，对父母来讲，他们最大的愿望就是希望自己的孩子即便是一个平凡的人，也能幸福地度过自己的一生。错误的早期教育培养的是"畸形儿"，正确的早期教育培养的则是更加尽善尽美的伟人和天才。

从儿子出生那天就开始教育

儿童的潜在能力是有着递减法则的。即使生下来具有 100 度潜在能力的儿童，如果放弃教育，到 5 岁时就会减少到 80 度，到 10 岁时就会减少到 60 度，到 15 岁时就会只剩下 40 度了。

所以教育孩子的第一要旨就是要杜绝这种递减。而且由于这种递减是因为未能给孩子发展其潜在能力的机会致使枯死所造成的，因此，教育孩子的最重要之处就在于要不失时机地给孩子以发展其能力的机会，也就是说要让孩子尽早发挥其能力。

达尔文和一位母亲之间有这样一段对话：

"从几岁开始培养一个孩子最好？"

"你的孩子多大了？"

"我的孩子只有一岁半。"

"那么，你已经晚了一年半了。"

达尔文清楚地表明，孩子出生之时就是开始培养的最佳时间。如果出生之后才开始教育，那就已经太晚了。做父母的一定要记住婴儿具有很强的生命力，并且要快乐地养育他。才能教育开始得越早越好，这样才能杜绝孩子潜在能力的递减。

这就是我与人们冲突的地方所在了。我的教育理论的核心是：

对儿童的教育必须与儿童的智力曙光同时开始。而时下流行于世的主导思想是：儿童的教育应当开始于七八岁，这种论调为人们所深信不疑。除了此一论调之外，还有一种让许多父母感到十分恐惧的观念，那就是早期教育有损于儿童的健康。

面对这些错误观念我常常感到软弱无力。由于它们的盛行，我的教育理论，在世人的眼里简直是荒唐至极，更谈不上指望父母们会运用我的理论将一个"凡夫俗子"训练成天才了。

事实上，从生下来起到3岁之前，是个最为重要的时期。因为这一时期，孩子的大脑接受事物的方法和以后简直完全不同。

这就是人们通常所说的"临界期"，也是通常所说的关键期，指的是——无论做什么事情，一旦错过了一定的时期，人就很难培养自己在某方面的能力。这个时期是能否掌握某一功能的重要分水岭，因此将这一时期称作"临界期"也许是最好不过的了。

把一只刚出生的猫放在四面墙壁画有横线的环境中喂养，两个礼拜后，当这只猫进入一般的环境时，猫的视力会出现障碍，此猫不认识竖线，只认识水平方向的横线。也就是说，当猫生下来后，如果只看横线，不看竖线，猫就不具备看竖线的能力。这意味着，在猫生下来的两周时间，是它获得正常视力的"临界期"。

据说，当猫生下来后，用布蒙住它的一只眼睛；那么当此猫长大后，再把布取下来时，猫的这只眼睛的视力就一直没有发育。实际上猫的身体并没有发生什么异常，猫眼本身就具有看的功能，只不过在猫眼能力的发育时期，没给它适当的环境而已，所以猫眼没有发挥出它的应有能力。

人的情况也一样。据说，当我们给一个天生的盲人做手术并让他获得视力后,该盲人过了 5 岁,还是目不能视。眼睛看到的信息进入大脑后形成完整的图像。但是,如果大脑的成像功能没有得到很好的发挥,那么大脑就不能将眼睛看到的物体组成图像。

也就是说,大脑的视觉神经细胞接受外部刺激后,促成视觉神经网络的发育,从而在 5 岁之前完成目能视物的过程。但是,如果人超过 5 岁,即使刺激它的视觉神经细胞,她的神经网络也很难正常发育。

我们知道,当人生下来后,它的脑细胞网络就接受刺激,并通过刺激使人脑得到发育和形成。最近,人们在研究大脑功能发育的不同时期,他们相信不同的机能发育分别对应着不同的最佳时期。

不仅是看的能力,而且人所具有的其他能力,在开始时都是以潜在的方式存在的。潜在的能力只有接受刺激,才能成为真正的能力。因此,如果人的潜在机能不接受锻炼,人的这方面能力就会被淹没,永久地从这个人的身上消灭。这就跟人一开始就不具备这方面的能力一样。

刚出生的婴儿没有分辨人的面孔的能力,到三四个月,或五六个月,就能分辨出母亲和别人的面孔了,知道"认生"了。但他这时并不是对面孔的特征进行了这样那样的分析之后才记住的,而是在反复的观察中,把母亲的整个面孔印象原封不动地作了一个"模式"印进了大脑之中。婴儿的这种模式识别的能力,远远超过我们的想象。对 3 岁以前的婴儿教育,就是"模式教育"。婴儿对多次重复的事物不会厌烦,所以 3 岁以前也是"硬灌"时期。

婴儿依靠动物的直观感觉,具有在一瞬间掌握整体的模式识别能力,是成人远远所不能及的。他的大脑还处在一张白纸状态,无法像成人那样进行分析判断，因此，可以说他具有一种不需要理解或领会的吸收能力。如果不把你认为正确的模式，经常地、生动地反复灌入幼儿尚未具备自主分辨好坏能力的大脑中的话，他也会毫无区别地大量吸收坏的东西，从而形成人的素质。

在动物世界中，鸟类有"印随行为"的现象。一只刚孵化出的鸟会把最先看到的物体当作自己的母亲或保护者，然后平静地跟着它走。但是，听说这种"印随行为"也要在小鸟孵化后的几个小时到十几小时才能产生。因此，这种"印随行为"与其说是"临界期"，倒不如说是"临界时"。即便刚生下来的小鸟把气球认作了"自己的母亲"，我觉得这也是一种心智的发育和萌芽。

当我们在考虑临界期的问题时，我开始觉得不仅人体机能隐藏着临界期，而且人在心智的选择上也隐藏着几个严密的临界期分支，就像古谚说的那样："从你小时候就可以看到你成人以后的样子。"孩子到3岁时，就已形成了长大之后一些基本性格的要素。

如果我们仔细地分析所有的人，都毫无例外地能从他们身上看到他们3岁以前的环境，以及这种环境对他性格形成及素质的影响。所以，模式时期决定了人的一生。

给3岁以前的模式时期"硬灌"些什么呢？大致是两方面的内容：一方面是反复灌输语言、音乐、文字和图形等所谓奠定智力的大脑活动基础的模式；另一方面则是输入人生的基本准则和态度。

总的来说，生下一个健壮的孩子，这只是父母亲走出的第一步，以后的路更长，事情更琐碎，责任更重大。因为，从孩子出生那天起，父母就必须担负起教育者的重任。

给儿子营造最好的生长环境

　　幼时最容易受到周围环境的影响。因此为孩子创造良好的环境，让他们学习好的东西，这实在是为人父母者的最大职责。

　　在自然界中，一棵嫩芽能否长成参天大树或结出美丽的果实，全靠种树人对它的悉心栽培与否。同样，一个婴儿能否变成你所期待的希望之星，则完全依赖于你所施的教育与为他提供的环境。

　　曾有人以当地生长的孩子同移民过来的非洲人的子女做过智商比较，结果发现，前者平均智商为115，后者仅有85，二者之间差距竟如此明显。因此有人下结论说：这个差距是由人种和血统不同所造成的。但一位牧师的经历推翻了这个结论。

　　他收容了一对非洲移民的夫妇。他们的婴儿一出生后就被送进了托儿所，与其他当地的孩子一样在完全相同的环境里接受抚养。孩子4岁时，他为其测验了智商指数，发觉他和当地的其他孩子一样，智商高达115。

　　很显然，这位牧师的经历推翻了不同人种会有不同能力的定论。他的经历最直接地说明了"人类能力的强弱，并非取决于人种或血统等因素，而是要看后天的教养与环境而定"。

　　由于婴儿出生后生活的环境千差万别，结果对婴儿的官能产生了很不一样的影响。这些因素由于只是在婴儿的关键期发挥作用，所以，环境对婴儿的影响可能是终身的，而且相比之下，环境对婴儿的主导作用比对成人大得多。

从卡尔出生后，我和他妈妈就十分注意给卡尔创造一个好的成长环境。

每个做母亲的，都喜欢把刚出生的宝宝放在满是雪白天花板、雪白墙壁、隔离一切外来声音的宁静房间里抚养。但是事实上，全无刺激的环境，对婴儿却是有害无益的。我们在小卡尔房间的天花板、墙壁和被褥上都绘上色彩缤纷的美丽图案，并且在里面不断地播放着音乐。几个月后，当我们在卡尔面前放一个发着光的东西时，小卡尔就迅速表现出想要捕捉它的意念。

也有人认为，这种幼儿时期的智力差距可以借由后天的教育拉平，这种说法尽管也有道理，但它势必使孩子承受过重的负担。

我发现，愈是专心照顾孩子的母亲，她们愈爱收拾房子，把婴儿的四周收拾得一干二净。这一方面是她们出于对孩子的溺爱，另一方面是她们怕家里东西太多会给幼儿造成危险。的确，从学会爬到会走路这段时间的婴儿，其所作所为确实危险万分，叫大人的神经一刻也不敢放松。他们一年到头不是弄翻花瓶，便是用嘴咬电线，或滚落床下。做妈妈的唯恐孩子发生意外，便会小心翼翼地将所有能想到的危险物品，都从孩子身边移开。这种做法当然无可厚非。但若因此而使婴儿周围像空屋般一无所有，或让孩子所能触摸到的东西，尽是一些坚硬物的话，结果也大多是负面的。

如同杂乱无章的房间可以给艺术家新鲜的灵感一样，那些在大人看来是毫无意义的甚至是有危险的物品，对孩子来讲，却能激发他的想象力，促进其智慧的成长，而且还有可能成为提升他们创造力的重要刺激。卡尔也常常会把房间弄得乱七八糟，甚至头撞到物品倒地并因此大哭，但这些"遭遇"对他来说，却是很好的体验和教训。

仰卧着的婴儿，在其视线前方，往往只有平平坦坦的天花板，或罩式蚊帐，偶尔才有一张大人的面孔，他们常常在逗一会儿孩子后接着就离开了。

"这样不行，要给样可以看的东西才好"，于是一些父母们，要么从天花板垂吊能转动的风铃，要么就是拿着会出声的玩具，在宝宝面前摇晃。

这些做法固然可以给婴儿提供良好的刺激，但仅此还不够。

刚出生的婴儿还缺乏感觉印象。如果做父母的老让孩子这么躺着，就很难满足他对感觉的需求。大人为了替孩子解除这种被周围环境所孤立的处境，他们兴致一来就会在孩子面前露个脸。这种做法对孩子来讲，就显得有些勉强了。

从幼儿的角度来看，他们总是渴望从周围的景象接受一些刺激，他喜欢尽量用眼睛盯着要看的景物，大人这时一定要设法满足婴儿的这种好奇心。

对父母来讲，与其拿着东西得意扬扬地在他眼前摇晃，不如给孩子一个可以看到外界景观的场所。

幼儿对位置、形状、颜色，有他独特的感觉。一种东西如果幼儿每次看到它都在固定的位置，就具有刺激的"反复作用"。当我们用娃娃车推着5个月大的卡尔散步时，当他看到嵌在黄色围墙上的白色大理石板时，他就会非常高兴。而我们每天推着他走过那条路，经过石板处时，卡尔的眼光就会特别发亮。

这是因为幼儿具有大人所远不及的敏锐秩序感，他不单只能认识每一事物的个体，而且还能直觉地领会事物与事物间的关系。很显然，这与幼儿各种能力的发展，有着密不可分的关联。

无论是在家里，还是在外面，我都注意给卡尔营造一个适合的环境，无论是各种颜色和景观的刺激也好，还是这种独特的秩序感的构筑也好，都充分地让卡尔在这一时期得到了能力的培养。

第三章
从儿子出生就开发他的智力

>>>>>>>>>>>>

做父母的对子女的早期教育绝不是一种无效劳动。虽然在某些年月里,好像被教育者处于沉睡状态;但是,到后来终有一天,会看见大有好处的。

让儿子保持愉快的心情

没有健康的生活,无论大人还是孩子都是很倒霉的。身体不健康,对大自然的美和人工的美都不能欣赏。因此,孩子的身体健康是非常重要的。对孩子的健康来说,最重要的是呼吸新鲜空气和喝新鲜的水。

有的母亲,孩子一哭,马上给东西吃,这个方法很不好。绝对不能让吃东西无定时。这样做,孩子其实并不好养活。这样做的结果,孩子长大后会成为无节制的人。

胃健康的孩子性格坚强,胃弱者必然暴躁。为了预防消化不良,最好在吃饭时能愉快地吃。当然,快活并不只是在吃饭时,但是吃饭时尤其必须高兴。

心情好,消化得就快。有句谚语:"早起能使人健康、富裕、聪明。"然而,笑也能使人健康、富裕、聪明。

人们见到我儿子时常说:"这孩子体格太好,不像个天才。"看来他们仍在坚持"才子多病"的旧观念。然而,这是毫无根据的。有句谚语"健全的精神寓于健全的身体",这是有根据的。

的确,有的天才体弱多病,但并不是天才一定病弱。那些病弱的天才如果健康,一定会是更加伟大的天才。而且身体健康的天才人物也并不少，如：韦伯斯特、布莱恩特、亨利·比卡、卡尔芬、珍妮·林德、阿德里娜·巴奇、萨拉·本哈忒、朱里亚·乌德·浩、约翰·卫斯里、路易斯、阿尔科克等。这些人不仅身体健康，而且体格魁梧，很有力气。

儿子的健康一再使人们惊异，这是因为我从婴儿期就对他进行体能训练。

愉快是健康的关键。我首先把儿子周围的环境布置好。周围的气氛阴郁，孩子必然会消化不良，身体不健康。因此，孩子居住的房间从最初起就应是令人心情愉快的。

天气晴朗时，我和妻子把儿子带到田野里，让他眺望绿色的原野。我注意让他的身体能自由自在地活动，不把他包起来，以免妨碍他的手脚自由活动；也不给他围围巾，以免把嘴和脸弄歪。天气好时经常让他在屋外睡觉，以便接受阳光沐浴，呼吸新鲜空气。当他在屋内睡觉时，在洁白的床上铺上鸭绒褥，便于他的手足自由活动。因为这种活动就是婴儿的运动。所以婴儿睡觉时，绝不能像布娃娃那样把他裹得紧紧的。

卡尔6周时，长得很大，像4个月的孩子。这是我们让他经常呼吸新鲜空气、进行运动的结果。这儿所说的运动是从他两三周时开始，让他在光滑的木棍上做悬垂运动。生物学的理论说："个体发育是整体发育的短暂重复。"所以，婴儿是可以像猿猴那样在木棍上做悬垂运动的。当然，不可勉强地做。

还有一种训练是让儿子抓住我的手指，由于婴儿与生俱来的"把握反射"，他就像吊单杠一样用力拉起自己的上身。等到两个月大反射消失时，他的胳膊已经练得相当有力，为提前进行爬行训练创造了条件。

我还培养孩子喜欢洗澡的天性。如果水温过高或过低,孩子就不愿洗澡,所以,我一开始就注意调节水的温度。我和妻子每天都给儿子洗澡、按摩手脚,这样既能发展他的触觉,又能促进血液循环和肢体的灵活。

从儿子1岁时起,我就教他洗脸、洗手、刷牙,一天要洗几次,早起和晚上睡觉之前都要刷牙。他吃完干面包后,也让他刷牙,并且从小时起就教他用手绢擦鼻涕。

不应往孩子的头脑中灌输恐怖、担心、悲伤、憎恶、愤怒、不满足等思想和感情。因为这些都对孩子的精神有刺激,易引起身心虚弱、生病,阻碍他们的发育和成长。

根据某一科学家的理论,人的寿命是150岁。因为动物的寿命是它们成熟期的5倍。人类的身体发育到30岁才能完成,因此,人的寿命应是150岁。然而,有半数人由于恐怖和忧愁等原因,连寿命的四分之一也活不到。

有的母亲在孩子睡觉前,常常用斥责、鞭打作为一天的总结,这是不好的。应使孩子面带笑容入睡。无论大人还是小孩都应抱着对明天的欢乐期望而入睡。同时,也以愉快的心早起,这是孩子一生长寿的秘诀。

在卡尔很小时,我就教他深呼吸的方法,教他唱歌,当然,这都是为了增进他肺部的健康。散步、玩球,是我们功课表中的一项内容,天天进行。如果不让孩子运动,他的精力就不知用到何处,就会淘气、损坏东西。

发现孩子心情不好、发音不清晰、张着嘴睡觉时,应当请医生看看，是否病了。一般来说，孩子胡闹、故意破坏东西时，主要是由于没有把精力用到正确的地方。所以，我们应当及时引导他把精力用到运动和学习上去。

我不让卡尔把手指放入口中。只要从小注意教育很快就会养成习惯，不往嘴里放手指或别的东西。但是，为防备万一，我不给他买危险的玩具。

我在院子里修了个运动场，有各种运动器具，如：跷跷板、滑台和梯子。儿子从3岁起就练习骑马，至今还最喜欢这一运动。他会游泳，又会划船。有时玩棒球，有时玩网球，有时爬树，有时去登山。伏尔泰曾说"忙是幸福的秘诀"，这也适用于孩子。总有事儿干的孩子是幸福的。

这样，经过营养和体能两方面的精心培育，卡尔从出生时体弱多病的婴儿长成了一个健康活泼的孩子。

让儿子的五官与四肢一起发展

孩子婴儿时期的一切能力，如果不利用与开发，就永远也不会得到发展。因此，我决定从训练他的五官（耳、目、口、鼻、皮肤），刺激大脑发育开始。因为听觉、视觉、味觉、嗅觉、触觉，是人类感知外部世界的生理基础。充分刺激孩子的感觉器官，能够促使大脑的各部分积极活动。如果孩子大脑的各个功能区都能发挥出最大效能，就会成为一个聪明伶俐的人。

寂静是孩子听力的天敌

在五官中，首先要发展耳朵的听力，因为婴儿的听力比视力发展得要早。训练听力时，母亲的悦耳歌声是极其重要的。在这方面我的儿子很幸运，他的母亲拥有很不错的嗓音。从他未出生的时候起，就经常听到母亲唱的美妙动听的民间歌曲。我虽然不会唱歌，但却经常给他朗诵诗歌。

在他出生6周后，我就对他轻轻地朗读威吉尔的诗《艾丽绮斯》，效果非常好。每当我朗读这部诗时，他便能马上静下来并很快入睡。随着诗的语调的变化，他的反应也在变化。当朗读马克利的《荷拉秋斯在桥上》时，他就兴奋起来；朗读坦尼森的《他的梦想》时，他又安静下来。用上述方法进行教育，他满一周岁时就能背诵《艾丽绮斯》第一卷的前10行和《他的逝世》了。

在此我要强调，让儿子背诗绝不都是强制性地硬灌，而是让他顺其自然地学会的。以《他的逝世》为例，由于儿子非常喜欢，他每天晚上都像做祈祷似的背诵它，因而很快就能熟练记住了。

为了使儿子形成音乐的观念，我还为儿子买来能发出乐谱上7个音的小钟，分别拴上红、橙、黄、绿、青、蓝、紫色的发带，给它们分别起名叫红色钟、橙色钟、黄色钟等。

每当儿子在喂奶前醒来，我就敲这些钟给他听，并把钟慢慢地左右移动，吸引他的注意力。儿子还不到6个月时，就能按我说的名称——青色钟、紫色钟等准确地敲了。我以为，这是同时形成声音和颜色观念的有效方法。

小摇篮边最好五颜六色

有效地训练眼睛，也是开发孩子智力的重要一步。儿子出生两三个星期时，我为他买了一些五颜六色、鲜艳夺目的布制小猫、小狗、小鹿，我把它们都摆放在儿子四周，时常移动玩具来刺激他的视觉。我还经常让儿子看用三棱镜映在墙壁上的彩虹。儿子非常喜欢看，当他哭时，只要看见彩虹就不哭了。

食物清淡使他味觉灵敏

在味觉方面，除了给儿子各种味道的刺激之外，考虑到糖和盐吃多了对身体没好处，我们始终坚持吃清淡的食物。这样既可以保持他的感觉灵敏度，又可以避免养成多吃糖和盐的坏习惯。

翻身抬头满月即做

儿子满月之后，在床上能够抬起头来了，我就用手推着他的脚丫，训练他爬行。父母一定要让孩子尽早学会爬，因为俯卧是最适合婴儿的活动姿势。婴儿爬时，其颈部肌肉发育快，头抬得高，可以自由地看周围的东西，受到各种刺激的机会也增多了，这就会大大促使大脑发育，使孩子变得聪明。

解放他的手

此外，尽量让孩子的手发挥多种功能，对于培养孩子的观察能力是有重要意义的。婴儿认识自己的手也要花费较长的时间。为了让孩子尽早发现自己的手，只有让他的手有事可做才可以办到。

每次当儿子醒来，小手张开的那一刻，我和妻子赶紧让他抓点东西，平时经常活动儿子的手指，经常让儿子抚摸东西和拍手掌。

另外，我总是引诱儿子观察我的手，让儿子了解许多手的功能。比如我拿着小摇铃摇动，儿子就会甩动胳膊发出响声。他八九个月时我给他一支蜡笔和一张纸，我也拿着一支蜡笔和一张纸。我在纸上画画，儿子也在纸上乱画。他其实什么也画不出来，但是他通过观察已经开始发挥手的功能了。

应该着重指出的是，我对儿子进行这样的训练时，绝不强迫他去做什么。孩子是活物，自然要不断地发挥他的能量。我只是为了不让他的潜力白白地浪费掉，才努力进行各种有效的引导。

由于实行了这样的教育，使儿子总有事干，他也绝不会因无事可做而去吃手指头，因无聊而沮丧，甚至哭泣，相反，他从一开始就向着健康的方向成长。

从我们身边的实物开始

观察力是一切灵感的源泉

孩子的视觉发达起来以后，就要培养孩子的观察能力。这有两个方法，一是通过丰富多彩的色彩来培养孩子的观察能力。我在儿子房间的四周挂上了各种名画的摹本，还陈列了大量著名雕刻的仿制品。从儿子小时候起，我就抱着儿子识别屋中的各种物品，如桌子、椅子等，并把这些物品的名称念给他听。儿子起初只注意画的颜色，渐渐地也懂得了画中的含义。

让他从小就信手涂鸦

在儿子智力的开启中，画的功能是非常重要的，能在善于绘画的父母的培养下成长的孩子是非常幸福的。由于我懂得一点绘画，就准备了许多美丽的花草和鸟兽的画给儿子看，还让他看有美丽图画的图书，并读给他听。他总是能安静地听。这表明儿子尽管什么都还不懂，但已对我的声音和画的颜色开始感兴趣。此外，我还经常把同儿子谈话的内容绘成图画，用这种方法增长儿子的知识。

为了发展儿子对色彩的感觉，我买来了五颜六色的美丽的小球和木片，以及穿着鲜艳的布娃娃，经常用这些玩具跟他做游戏。这很重要，因为男孩与女孩相比，感觉灵敏而色彩的感觉却很迟钝，所以，男孩子不从小时候就开始发展色彩感觉，那以后对色彩的感觉将会非常迟钝。

蜡笔也是孩子的好玩具。我经常利用它同儿子进行颜色竞赛游戏。我预备好一张大纸，从某点开始；先由我用红色蜡笔画一条3厘米长的线，而后，儿子也用红色蜡笔画一条同样长度的平行线。接着，我在我画的红色线之后，用青色的蜡笔接上一条长短一样的线，儿子也得用青色的蜡笔在他画的红色线后边画一条青色的线。这样连续画下去，假若儿子使用的蜡笔与我所用的颜色不一样，这一游戏就不再继续，儿子就输了。

每天都要散步

卡尔一学会走路，我就每天带他去散步，并让他注意天空的颜色、树林的颜色、花朵的颜色、原野的颜色、建筑物的颜色和人们服装的颜色，等等，这都是为了发展他的色彩感觉。

还有就是让孩子专心注意某些事物，以养成敏锐观察事物的习惯。我通过和儿子玩一种叫"留神看"的游戏来达到这一点。每当路过商店的门前时，我就问儿子这个商店的橱窗内陈列着的物品，并让他在记忆中搜列这些物品。儿子能说出的物品当然越多越好。如果儿子记住的物品还没有我能记住的多，就要挨批评。

这一游戏对发展孩子的记忆力也十分有效。由于坚持这样的训练，儿子还只有两岁时，一次我带他到卖雕刻仿制品的商店去，他就对店员说："你这里怎么没有《维纽斯·得·未罗》和《维纽斯·得·麦得衣齐》?"如此小的孩子居然知道这两幅名画，使店员大为吃惊。

注意力不集中是因为无趣味

鉴于婴儿的注意力不易集中，我通过鲜活的物品教会儿子各种形容词。在儿子出生后第6周，我曾给他买了些红色气球，把气球用短绳扎到他的手腕子上，气球便随着手的上下摆动而上下摇动。以后，又每周给他换一个其他颜色的气球。通过这一游戏，我便能轻而易举地教给他红的、绿的、圆的、轻的等形容词，而且儿子对这一学习方式非常乐意。

在尝到这种学习的甜头之后，我还让儿子手拿贴有砂纸的木片和其他种种物品，教给他粗糙、光滑等形容词。当然，这种教育方式也有一些负面效果，如婴儿往往爱把手上拿的物品往口里放。不过，父母只要多加留心，孩子就不致养成这种习惯。

大自然是小孩子学习的宝库

对于出生后对世界表示好奇的婴儿，并不能只满足于家里各种好玩的玩具。从儿子的表情我可以看出，他似乎觉得仅有这些玩具还刺激不够。甚至对偶尔飞来的苍蝇，卡尔都会显示无比的兴趣。哪怕是看见一只爬到眼前的蚂蚁，他也会用眼睛追踪蚂蚁的动态。当然，光给儿子看蚂蚁、苍蝇是不够的，我常常尽量多地带他到可以看到猫、狗、牛甚至鸟、车的自然中去。

我发现，走出户外的婴儿，都会惊奇地注视路上的狗或猫儿，对川流不息的来往车辆，也会始终看个不停；看到菜摊上摆放的各色各样蔬菜，更是瞪大着眼睛欣赏。通过这样接受在家中所得不到的新鲜刺激，婴儿的智能也自然会发达起来。

正如一句名言所表达的："大自然是小孩子学习的宝库。"外界与大自然之中，有无穷的力量可以吸引孩子的兴趣，如果不把孩子带到那种学习场所去，这不是父亲的怠慢与失职，又是什么呢？

因此，做父母的一方面必须对婴儿的健康和安全予以最大关注，这也是做父母的责任，但我们也切不可因此而限制了孩子的学习场所。

置身于美丽的大自然中，才能使婴儿的身心更加活泼与健康。注意这个事实，也是做父母的不可忽视的责任与义务。

儿子学习语言的奥秘

15天起就给他灌输词汇

根据儿童潜能的递减法则,一个人在成长过程中,是有某种智力发展最佳时期的。幼儿在3岁以前,是语言发展的最佳期,尽早教孩子语言这一点非常重要。因为语言既是进行思维的工具,也是接受知识的工具,没有这个工具我们就得不到任何知识。我们人类之所以优于其他动物而取得今天的进步,就是因为使用了其他动物所不具备的语言。因此,如果孩子不及早掌握语言,就不能很好地发挥其能力。而若能在孩子6岁以前掌握准确的语言,那么这个孩子的发展就会很快,而且其速度是其他孩子无论如何也赶不上的。

许多父母千方百计地注重孩子的身体发育,可是当我提出采取措施发展孩子的头脑时,他们却感到惊异,认为不可行。其实做父母的只要稍加留意就会发现,婴儿从小时起就对人的声音和物品的响声非常敏感。

这表明,早期开始教孩子语言是可行的。那么早到什么时候呢?我主张从孩子出生15天起就开始灌输词汇,在孩子刚会辨别事物时就教他说话。

儿子15天大时,我们在儿子的眼前伸出手指头,儿子看到后就要捉它。刚开始时由于看不准，所以总是捉不到。最后终于捉到了，儿子非常高兴，把手指放到嘴里吃起来。这时我就用和缓而又清晰的语调反复发出"手指、手指"的声音给他听。

就这样，在儿子刚刚有了辨别能力时，我们就拿很多东西给他看，同时用和缓清晰的语调重复东西的名称。没多久，儿子就能清楚地发出这些东西名称的音来了。

抓住一切机会跟他说话

孩子学习语言离不开说，同样也离不开听，父母要为孩子提供听的环境，提供说的机会。父母应该尽早与孩子交谈，因为6周大的婴儿就会对谈话的声音有所反应。这一阶段，如果照顾婴儿的人不爱说话，不去理会孩子或者和其他大人说话，那么这个孩子说话的时间就减少了。孩子也并非与大人说话时他才说话，有很多时候他都会"自言自语"。父母应该抓住这个关键时期尽量跟他交流，让他的听力更上一层楼。

只要儿子醒着，我们或者跟他说话，或者轻声给他唱歌。当他的眼光停留在床上吊着的彩色纸花上时，我会不厌其烦地重复着："红纸花、黄纸花……"如果我在做事，我也会用亲切的语调对他说话，告诉他我正在干什么。

应该注意的是，父母的语言要准确、清楚、缓慢，要科学地重复和再现。一旦孩子有所表示，比如微笑、踢脚或摇手，父母应该马上给予鼓励，及时回应。孩子一旦开口叫出"爸爸""妈妈"，父母就应该乘胜追击，让孩子保持说话的热情，全力鼓励孩子说话，为孩子制造说话的环境和材料。可以引导孩子念儿歌、讲故事。到了孩子能说双音词、短语时，父母要尽量说简短的句子，让孩子去理解体会。

教语言的8个诀窍

在教儿子语言的过程中，我总结了一些十分有用的方法，我现在将之归纳在下面奉献给诸位：

1. 要发纯正的语音

从儿子发出第一个"fa"开始，我就不厌其烦地教他"fa—fa—fa""ma—ma—ma"等。当儿子发出一个声音，比如"ka—ka—ka"，我立即回应，跟着他"ka—ka—ka"。而当我教儿子发"ma—ma—ma"时，如果儿子回应了，尽管不是很清晰，我仍给予了充分的鼓励。不过使用这个方法必须听清楚孩子的发音。比如孩子发"mo—mo—mo"，你却听成了"ma"并加以鼓励，久而久之，孩子会出现发音上的混乱。

我与儿子玩这种游戏，总是在他睡醒后一小时进行。因为这时候他情绪最好，效果也更好。所以要注意选择时机。同时发音时要跟孩子充分交流，我和他母亲发音时，都让孩子看着我们的脸，当然最好是能够看到嘴的动作。

教孩子发出纯正的音一定要简洁明快，千万不要啰唆。比如教孩子发一个音"a"，直接教就行了，完全没必要说上一大段话，那样孩子听不清楚，就容易读错。

2. 用语言能力滋养能力

孩子能学会任何一个难度很大的发音。教育应该重视这种强大的生命力。举个例子来说，幼儿在开始说话以前，听到过多少遍"doctor, doctor（医生）"这个词，而在他学会另外一个词语之后，如"妈妈""爸爸"，他学习词汇的能力会大大增强，以致他学会了"妈妈"和"爸爸"，从而使自己的词汇量增加到3个。在练习这3个词的过程中，他的语言学习能力继续不断增强，从而学会更多的词。从这个例子中我们可以看出，语言学习能力能够滋养能力。

这样解释可能把人弄得更糊涂了，因此我将用另外一种方式来介绍这一过程：

"这个问题你明白了吗？"

"明白了。"

"那好，我们继续吧。"

假设孩子用同样的方法来学习语言会怎样？

"如果你今天会说'doctor, doctor'……没错，那么明天……"第二天他将学会说"妈妈"，第三天他就会说"爸爸"。而如果有一天，孩子想不起前一天学会的词语，他就只能说当天学会的词了。可见这种方法有很大的弊端。

事实上，学习语言并不意味着零星地来学习。它还意味着与此同时培养了学习语言的能力。现在的大多数家长还没有意识到语言教育的能力。教育方法还仅仅侧重于零零星星地来教，而不是培养能力。

如果每个父母都使用这种奇妙的语言教育的方法，一定会大有收获。这就是"能力滋养能力"的方法。

每个孩子都有潜能。能否将潜能挖掘出来并使之成为卓越的才能，取决于如何培养它。

3. 在他耳边不停地说

我们都有这种经验，学习外国语，不多记单词是不行的。但是想要多记，却往往劳而无功，很快就忘了。有一个时期，为了以后教儿子，我下决心要学好英语，就把韦伯斯特的袖珍小词典揣在怀里从头背下去，但是随记随忘，并没有多大效果。以后，我在学的过程中总结出一个道理：要多记单词，还是应当多读有趣的书，在阅读中记住书的单词。同样道理，为了丰富孩子的词汇，只是填鸭式地硬灌，非但达不到目的，反而有害。

教儿子说话，确实是很难的，如果不很好地下点功夫就教不好，我通过与儿子谈论有关饭桌上的器具，室内的摆设，院子里的花、虫等，巧妙地教他新单词的发音和词义。

在儿子稍大一点以后，我和他母亲就抱着他教他饭桌上的餐具和食物、身体的各个部位、衣服的各个部分、室内的器具和物品、房子的各处、院子里的花草树木及其各部分等所有能引起儿子注意的实物名称。总之看到什么就教什么，也教他动词和形容词等，使他的词汇渐渐丰富起来。

几乎每天晚饭后我们都要带儿子出去散步。从家里到村口的教堂，一路上我看到什么讲什么，有意识地叫儿子注意：高高的树，矮矮的草丛，飞动的鸟儿，粗粗的木栅栏；路灯，楼房，马车，各种花草，各种人，还有忙碌的小蚂蚁……儿子被逗引得对外面的世界充满好奇，一出门就指这儿看那儿，咿呀不休，说话也进步了许多。

当然，在实行这一教育时，也要注意循序渐进，先易后难。在开始时，教孩子一些容易发的音和非常简单的话，只要每天坚持练习，持之以恒，就必有所获。

4. 讲故事是写作文的基础

当儿子稍微能听懂话时，我和他母亲就天天给他讲故事。在我们看来，对于幼儿，没有比给他讲故事更为重要的了。因为孩子是这个世界的生客，这个世界对他是一个一无所知的世界。所以应该尽早让他知道这个世界，越早越好。

为了培养儿子对这个世界的亲和力，最好的做法当然就是讲故事了。通过讲故事还可以锻炼儿子的记忆力、启发想象、扩展知识。传授知识，如果死死板板地教，儿子不易记住，而用讲故事的形式教，儿子就喜欢听，并且容易记住。所以，教育孩子运用讲故事的方法是最可行、最有效的。

除了给儿子讲故事，我还选择好书，清晰而又缓慢地读给孩子听。我在这方面给诸位的建议是，给孩子读《圣经》。《圣经》是举世无双的，大家都公认，像这样的名著实在罕见，所以把它读给孩子听是最好不过的了。由父母清晰地读给孩子听，这是教孩子语言的最佳方法。此外，也有助于培养孩子的优秀品质。

还有，讲故事不能只让孩子被动地听，应该要他复述。如果不让孩子重复，就不能完全达到讲故事的效果。在儿子还不会说话时，他母亲就给他讲希腊、罗马、北欧各国的神话和传说。等他会说话以后，母子两人就表演这些神话。我们向儿子讲述《圣经》故事时，有的还用戏剧的形式演出。

这样不断地进行生动的教育，终于有了成果。儿子到五六岁时就能毫不费力地记住 3 万多个词汇，这即便对于一个 15 岁左右的孩子也是一个惊人的数字。

5. 少说这个、那个，多说新词

教孩子语言的最重要之处就是尽快丰富孩子的词汇，让他们懂得道理。儿子的词汇训练一直受到我们重视。凡是他还不认识的事物，我们都要求女佣不用"这个、那个"的说法，只有对儿子已经记熟了的事物，才教他用代词称呼。另外，在给儿子讲道理时，其中总会遇到一些他不懂的词汇。这时，我们都是随时给他解释，绝不稀里糊涂地绕过去。

当然，儿子这么小，那些难的词汇解释了他也听不懂。然而这一行为的意义并不是让他立刻就记住或听懂，而是用解释生词的行为本身，教给儿子学习的态度和方法。如果大人在传授知识的时候遇到难点就绕过去，孩子就会养成"不求甚解"的坏习惯。

德国有许多通俗易懂的童谣，我们当然不会对这些优秀的文化遗产视而不见。我们从儿子小时候起就教给他这些童谣，并且让他记住了它们。因为这些童谣的语调好听易记，所以大大有利于丰富儿子的词汇。不仅如此，儿子的智力也在阅读这些童谣的过程中很快地发展起来。儿子不到4岁就开始读书，这些书主要是以歌词形式写成的。

6. 不让他遭受方言和粗话的污染

我反对教给孩子不完整的话和方言，比如教孩子"咂咂"（吃奶）"丫丫"（脚）"汪汪"（狗）之类的。这些语言对孩子语言的发展有害无益，这一点要特别引起父母们的注意。诚然，孩子学不完整的话和方言会更容易一些，因此许多父母也就认为孩子的语言从这些半截子话学起并无大碍，但是我经过试验发现，孩子在两岁左右时，如能缓慢、清晰地教他说正式的语言，一般来说孩子都可以发出音来。

如果儿子本来可以学会的东西，我都故意不教给他，这在教育上就是极其愚蠢的了。正如雷马克所说的那样，一个东西如果不使用，就难以评价它的作用，同样，如果不教给孩子他们本来能够学会的东西，那么，他们的那种潜在能力也就得不到发展。世界上再也没有比这更愚蠢的事了。

事实上，对幼儿来说，单会说"汪"或"丫"等词汇，虽然相对要容易一些，但这也同样会给他们造成负担。对孩子的语言学习来说，完整规范的语言是他们迟早要学的语言，而那些半截子语言却是他们不久就要抛弃的语言。

让孩子学两套语言，这势必给孩子造成双重负担。世上确实再没有比这更不经济的事了。孩子本来可以用那些白白浪费掉的精力去学习一些知识的，但他们在这种错误的教育下，只得付出如此宝贵的光阴。因此，做父母的，绝不应当教给孩子一些不完整的话，以免浪费时间。

也许有人说，教给孩子说这种话非常有趣，但你们让孩子付了如此高昂的代价是否值得?！教给孩子不规范的语言的害处还不止于此。社会上有许多孩子，到了十四五岁（甚至已长大成人），有的话还发音不清楚，这就是父母教育不当的结果。在今天的学校里，教员为纠正学生的这些发音毛病所付出的消极劳动，往往比他们用于积极劳动所花的时间还要多，这实在可悲。不用请教心理学家，就连任何一个普通人都知道，教师用在纠正学生已经养成的毛病上所花的时间比起教他们新的知识所花的时间还要多。

但是，社会上竟有这样的父母，他们以孩子发出的错音、说出的错话为乐。他们不仅不去帮助孩子纠正，反而将错就错，随声附和，这是大错而特错的。因为这样将使孩子永远无法发觉自己的毛病，以致习惯成自然，难以纠正。

能正确运用语言意味着能正确地思考。如果让孩子从小就使用似是而非的语言，那么孩子的大脑就难以训练好。

我从儿子出生时起，就尽可能地对他说准确而漂亮的语言。在向他灌输语言时，我认为俗语也很重要。因为有的意思，不用俗语就不能表达得很完美。我们的思想在发展着，新观念也在不断地产生着，表现这些新观念的俗语也必然增加，所以排斥俗语就会落后于时代。

7. 力求措辞严谨，语言生动

在语言教育中，我非常强调从一开始就要让孩子学到标准的语言。为此，我总是反复清晰地发音给儿子听，耐心地教他标准德语。只要儿子发音准确，我就摸着他的脑袋表扬道："说得好，说得好。"当儿子发音不标准时，我就对妻子说："你看，你儿子不会说什么什么……"于是妻子就回答说："是吗？我儿子连那样的话都不会说？"这样一来，尽管儿子还很小，也激起了他拼命学标准语音的劲头。经过我们的不懈努力和执着坚持，儿子从小的发音就非常准确。

在词汇学习上，我的信条是：要想有清楚的头脑，首先必须有明确的词汇。为此，我不是只让儿子停留在孩子式的表现方法上，而是教他逐步了解和使用复杂的措词，并且力求措辞生动准确，决不使用暧昧的措辞。

为了要做到这一点，我认为家人一定要相互配合，不要一个在严格要求，一个却纵容孩子。为此，我和妻子默契配合，而且以身作则，在平时坚持力求发音标准，语言规范，精选恰当的词汇。

我不仅对妻子，对女仆和男仆都严禁他们说方言和土话。因为儿子与仆人们的接触非常频繁，易受他们的影响。我只许儿子记标准德语，因为只要能记住标准读法，就可以让儿子不费力气地读懂书上写的东西。

8. 别让语法败坏了孩子的胃口

在教儿子语言时，语法不是最重要的，特别是对孩子来说，更没有多大必要。因此，在儿子8岁前我并未专门教过他语法，而是通过听和说来教。

孩子其实都喜欢说话，从小时候起，他们就常常一个人把学到的单词反复地说着玩。我就利用孩子的这种倾向，把儿子能理解的有趣的故事，用精选的词句组成短文，让儿子记住。他不仅能很快地记住，并总是高兴地复述着。以后，我把这些短文翻译成各种外国语让他说，他也能很快记住。根据我的经验，在人的一生中，1~5岁可能是最有语言才能的时期了，父母千万别让这种才能白白枯死。

第四章

教育孩子需要正确的方法

>>>>>>>>>>>

如果不是用强制和严格的手段来训练少年们的学习，而是引导他们的兴趣，那么他们将发现自己的志气。

培养儿子多方面的兴趣

经过从婴儿期就开始的教育，卡尔显得比同龄的孩子更聪明，更机灵，反应更快，各方面的能力也更强；我认为他在智力上已经准备好了，所以从他两岁时就开始教他认字，但这绝不是强迫性的。"不能强迫施教"，这是早期教育法的一大原则。

我认为不管教什么，首先必须努力唤起孩子的兴趣。只有当孩子有了兴趣时，才能取得事半功倍的良好效果。卡尔的生活过得丰富多彩，就是因为我一直注意引导他在多方面获得乐趣。

在孩子的乐趣中，最重要的是读书。不过应特别注意书的选择，一个人喜好什么样的书，往往决定于他第一次读的是什么书，而且幼年时期读的书往往能左右这个人的一生。

在引导儿子读书上，我采用了一些小伎俩。孩子们最喜欢听人讲故事，特别是年龄较小的孩子。我发现讲故事的重要性，它不仅能丰富孩子的知识，而且能够成为引导孩子看更多书的桥梁。我在讲故事的时候，总是绘声绘色，运用夸张的表情、形象生动的语言，并辅之以变幻不定的手势，甚至有时候站起来模仿故事人物的身形以不断推动情节发展。儿子听得如痴如醉，常常也禁不住跟着我手舞足蹈。但我总是讲到最有趣的地方就打住，并告诉儿子这个故事在哪本书中，鼓励他在阅读中寻找乐趣。

卡尔的乐趣不止于此，他的乐趣还可在音乐中找到。

诗人歌德曾说过："为了不失去神给予我们的对美的感觉，必须天天听点儿音乐，天天朗诵一点儿诗，天天看点儿画儿。"因此，让孩子接触音乐是很重要的。有人说，善于唱歌的人比不会唱歌的人寿命长，这是由于善唱者心情总是快活的。神经质的孩子养成唱歌的习惯，就会快活起来。

我们不能使每个人都成为音乐家，也没有这个必要。然而，人生在世，完全不懂音乐则绝不是幸福的。即使自己不会，起码也要会欣赏。因此，应设法教给孩子一些音乐。有人认为，既然不想使孩子成为音乐家，教他音乐就是浪费时间，这种认识是错误的。没有任何艺术的生活，就如同荒野一样。为了使孩子的生活幸福，生活内容丰富多彩，父母有义务使他们具有文学和音乐的修养。据说俾斯麦退职后曾慨叹过：假若在年轻时学会一种乐器的话，自己的生活就不会这样寂寞了。

我个人认为，人生在世懂得音乐是非常幸福的。我从儿子小时起，就努力使他形成欣赏音乐的观念。前面已经介绍过，在儿子出生后不久，我就买来能发出 do、re、mi、fa、sol、la、si 七个音的小钟敲给他听，并让妻子唱给他听。

在儿子出生以后不久，每当哭泣时，我就让他听海顿交响曲的唱片，于是儿子的哭泣立刻停止而静静地听起来。每天只要一哭就让他听这个曲子。另外，还经常让他听两三首巴赫或贝多芬的曲子。这样过了一年左右，当让他听着巴赫或贝多芬的曲子时，一旦改换为海顿的交响曲，儿子整个上半身就晃动起来，高兴得像是正合着节拍。到了1岁零3个月时，儿子自己就开始选择曲子，对不喜欢的曲子，就摇头表示不愿意。

当儿子学会A、B、C的读法后，我便教儿子乐谱的读法，并常常做这方面的游戏。具体的玩法，就是在屋中把东西藏起来让他找。这是儿童常玩的游戏，不过我在此还利用了钢琴，这样就使游戏变得更加充满欢乐色彩。例如：当儿子一走近藏东西的地方时，我不是说"危险，危险"，而是渐渐弹出低音。若是走远了，就渐渐弹出高音。儿子如果不注意声音的高低，就很难找到藏起来的东西。这一方法对训练孩子的听力很有效。

孩子都喜好节奏，我就从这方面开始训练。

我从儿子尚不会说话时起，就用拍手的方式打拍子让他看。不久，买来了小鼓，教他按照拍子敲打。过了一段时间又买来了木琴，让他敲打，并且开始作弹琴游戏。我用手指出墙上的乐谱，他按乐谱摁琴键。不久，他已能用钢琴单音弹奏简单的曲调了。

儿子从小就爱好摆弄钢琴等乐器，我抓住这个机会鼓励他练习。同时，他只要得到我的一些帮助，就能自己编出各种曲调。儿子把自己创作的许多曲子记在笔记本上，这和幼年时代的日记一样，将来拿出来看看，也是很有乐趣的。

在教儿子练琴时，我反对只注重技巧的方法。我的一位朋友，曾为孩子聘请过一名小提琴教师。一年之中他只教孩子练习技巧，致使这个孩子不仅没有学会音乐反而开始厌恶音乐。而教儿子小提琴的教师则没有沿用这个教法。儿子练习小提琴时，我总是用钢琴给他伴奏，所以他能很高兴地学。因而，他弹钢琴、拉小提琴都很出色。

和很多上幼儿园前的孩子一样，儿子也很喜欢画画，并且在画画中得到了很大的乐趣。儿子的画实在是栩栩如生。一条线、一个点，都洋溢着他跳动的生命和活力。哭也好、生气也好、笑也好、害怕也好……卡尔每时每刻的心理状态，都与线或点息息相关。

孩子的心理活动都原原本本地反映在画里的点或线上。因此，不能评价这个画的好与坏，而是要看是否充分表达了心理活动，我就站在这个角度欣赏儿子的画。

如果儿子拿着铅笔或蜡笔对写写画画开始表现出有兴趣，我知道这是开始早教的好机会。画线练习可以锻炼儿子的注意力集中，同时，通过随便画曲线或直线的练习，也可以为将来写一手好字或画好画打下良好的基础。

给儿子一双发现问题的眼睛

孩子的好奇心比较重,凡事都要问个为什么,心理学家认为好奇心是由新鲜事物引发的一种注意,是对外界新鲜事物的探究及反射,提出问题是思维活动的起点,而人的思维活动则是在外界事物的刺激下不断地提出问题、解决问题的过程。

随着孩子年龄的增加,他们的阅历逐步增长,思维能力加强,提出的问题也日渐复杂化。通过提出问题、解决问题,孩子实现了知识的积累和经验的总结,这是成长过程中不可缺少的。但是并非每个父母都能意识到孩子提出问题、解决问题的重要性。

发生在同村的马克和他的儿子身上的事就说明了这个问题。

吃过晚饭,马克带着6岁的儿子来到公园散步,儿子眼尖,认出了邻居华尔叔叔,他正和一位漂亮的姐姐并排坐在长椅上,于是有了这样的对话:

"爸爸,华尔叔叔在那边,他为什么和那位姐姐坐在一起呢?"

"因为他们正在谈恋爱。"

"华尔叔叔谈恋爱为什么不找自己的妹妹,她比那位姐姐还要漂亮呢。"

"小孩不懂,怎么能和自己的家人谈恋爱呢?"

"那昨天晚上你和妈妈不就提到你们谈恋爱吗?难道你和妈妈不是'家人'?"

"哪来的这么多问题?你能不能安静点儿?"

马克不耐烦的态度使儿子闭了嘴,但是孩子还是不明白为什么不能和自己的家人谈恋爱,更不明白爸妈明明是家人,却又能谈恋爱这一问题。

对孩子而言,展现在他们面前的是一个新奇而又多彩的世界,自会走路起,他们就没有一刻是清闲的,这儿动动,那儿摸摸,无数的东西、现象都是他们急于了解的,好奇心和求知欲使他们勇于提出各种各样的问题。如果家长不能准确、巧妙地回答孩子的问题,出现无言以对的尴尬局面是很常见的。胡乱回答孩子的问题,或者因孩子提问多而训斥孩子的情况也不少见。

孩子的究理精神从两三岁起就已经萌发了。具体的表现就是他们开始向大人提问,提出的问题越来越多,而且千奇百怪。这是值得高兴的事,说明孩子开始对世界进行思考了。

然而,可惜的是大多数父母不仅不为孩子的提问感到兴奋,反倒觉得厌烦不已。他们对孩子所提出的问题大都是随随便便敷衍一下,并不给予耐心的说明和解释。

这是大错而特错的。这种态度实际上是在压抑孩子的究理精神。要知道,在孩子的智力刚开始萌芽时,我们如果不向他们提供适当的对象供孩子们玩耍,他们这种已经萌发的究理精神就会白白枯死,而智力也将得不到进一步发展的动力。

相信这种状况是每个做父母的都不愿意看到的。但是在现实中,正是他们自己使孩子的潜在能力枯死,到孩子上了学才大惊小怪地嚷:"为什么我的孩子成绩这样糟糕呢!"这些父母只知道一味埋怨孩子,却从来没有对自己的行为进行过反省。

正确的态度是,做父母的不管有多忙多烦,都应该做到孩子问什么,就回答什么。在向孩子传播知识和方法时,绝不能嫌麻烦,敷衍塞责,应付了事,一定都要真实合理。只有这样教育,才能使孩子成为对社会矛盾和缺陷有辨别能力的人;也只有这样,才能发挥出孩子的潜在能力——天才。

如果培养出来的人辨别不出人间的好坏和善恶,对世界没有思考和认识,这类人越多,就越成为社会的累赘,他们不会给人带来任何益处。

让我们做一个试验,假如对某个人施行催眠术,给他一种所谓消极的幻觉暗示,那么他就会连眼前的人和物都看不真切。如果我们的教育是这种催眠术式的教育,那将多么可怕。也就是说,我们的教育绝不能使孩子陷入这种消极的幻觉状态中。

我们教育孩子的真正目的,就是要为他打开智慧的天窗,使他能够敏锐地观察到社会上的坏事,洞察出社会上的矛盾和缺陷。我们人类的理想,绝不应当像亚当和夏娃那样,仅仅满足于在不知自己是裸露着身体的情况下过快乐的天堂生活。为此,绝不能让孩子成为精神上的盲目乐观主义者。

要做到这一点,就必须重视孩子最初对世界的看法,积极回应他们的每一个问题。同时,父母还应该注意一个问题,那就是不能以权威来压抑孩子的天性。

我绝不剥夺儿子玩的权利

通过对儿子的教育,我发现玩对于孩子来说不仅仅是兴趣,更重要的是在玩的过程中可以逐步开发孩子的智力。

父母总是把孩子玩泥巴、玩水、玩沙、玩石子,看成是一种没出息、没教养的行为,认为这样的孩子成不了大器。这是一种错误的观念。孩子与成人不同,不可能像大人那样可以坐在那儿静静地思考问题,孩子必须在玩的过程中通过触摸事物,实际地摆弄和操作来认识世界。对孩子来说,周围的一切环境都是学习的对象,他们往往在各种活动中发展他们的智力。

只要有空,我就带儿子去参观所有的博物馆、美术馆、动物园、植物园、工厂、矿山、医院和保育院等,以开阔他的眼界,增加他的见识。在参观前,儿子都要先阅读大量有关的书籍以便大致了解,然后再通过自己的眼睛实地接触这些事物,获得了大量与直接感知相一致的信息与知识。在这时,儿子的脑子总是转动得特别快,心里充满着寻根究底的疑问。面对儿子源源不断的问题,我总是尽我所能给他说明和解释,并做到深入浅出,绝不敷衍。因为我知道,这样教授知识最自然而且有效。

只要能满足儿子的求知欲望和追求真理的精神,我绝不吝惜体力和金钱；为了向儿子公开魔术的秘密，我就曾不惜重金，请魔术师现身说法。类似这样的事情还非常多。儿子生长在内陆地区，但他总在书中看到对大海、大洋的描述。他很喜欢看这一类的书，在看了麦哲伦、哥伦布等航海家的传记以及《马可·波罗游记》这些书以后，他非常想去看看大海。于是，我就带他去了地中海海岸。平生第一次看到大海，儿子兴奋极了。我们在那里拾贝壳，采集海藻，拾水母和海星等。我对他讲述了这些海产品以及海底生物的各种知识，他对神奇的海底世界十分向往。我们又在沙滩上做各种游戏，比如堆山、凿河、开湖、垒岬、修湾、筑岛和封岛等。

要使孩子形成地理概念，海边真是最有利的地方。我把地球仪带到海边，告诉他地中海就在这里，越过地中海就能到达非洲，非洲大陆的两边是太平洋和大西洋，越过太平洋就可以像马可·波罗那样到达中国，而越过大西洋就可以像哥伦布那样到达美洲。就这样，儿子逐步了解了地球的概念，学会了世界地理。

光参观还只是这类教育的一部分。每次参观归来，我还让儿子详细叙述见到过的一切，或者让他向母亲汇报。由于有这一功课要完成，使儿子在参观中总是用心观察，认真听取我或者导游的介绍与讲解。这样一来效果就更为显著，儿子能记住更多的东西。

儿子3岁以后，我不再局限于哈勒地区，开始领着他到各方周游。5岁时，儿子就已经在我的陪伴下，几乎周游了德国的所有大城市。在旅途中，我们既登山，也去游览名胜；既去寻找古迹，也去凭吊古战场，还参观了无数的古堡、宫殿、园林、教堂。回到旅馆后，我就让儿子把所看到的一切写信告知他的母亲和熟人。回到家中，他还要向亲人们口头讲解旅途见闻和切身体会。

6岁时,儿子已经成了洛赫附近最见多识广的孩子了。他的见识甚至超过很多大人。人们在地理、历史方面有什么想知道的都去问他,或者想听听其他地方的奇闻轶事的,也会来找卡尔。后来儿子干脆写了一本游记,将自己旅途中的所见所闻全部写了下来,大家都看得津津有味。

儿子的丰富的知识得益于他在玩的过程中通过接触实际环境的切身体会。通过各种玩乐,儿子不仅熟练地掌握了各种常识,也培养了不同于一般孩子的生活情趣。我从来不想把儿子培养成所谓的学者,他们只懂得自己的一点专业,为了显示他们有高人一等的学识,不论对谁,走到哪里,总是一味卖弄他的专业,不管人家是否愿意。对于专业以外的东西,他们一概不知,也毫无兴趣。比如,他们非常缺乏常识,就像一些不食人间烟火的人。他们对时事等问题发表的拙劣看法,时常成为人们的笑柄。

带有偏见的人们认为我儿子除了坐在书桌前面,其他什么也不干。他们甚至认为,他可能除了学究式的知识外,还会点外语,其他就一概不懂了。

但是了解我儿子的人都知道,他坐在书桌前的时间比任何一个少年都少。事实上,他把大量的时间尽情地花费在了玩耍和运动上,是一个非常健康活泼的孩子。

抓住儿子的兴趣教儿子学习

诸位一定想知道我到底使用了怎样独特的教育方法，才能使孩子能这样既轻松愉快又学到如此丰富的知识。其实很简单，我的教育秘诀在于：唤起孩子的兴趣和让孩子提出问题。

可以说，发展智力的关键就是激发孩子的兴趣。一种是从孩子乐意接受的方式着手，使他产生了解这一事物的兴趣，然后因势利导地教给他相应的知识。

还有一种则是用问题来引起孩子的好奇心，当他迫切想要知道问题真实的答案时，他就必定会自觉了解更多有关这一问题的知识并有意识地加以分析判断。这时，若再辅以父母的点拨，孩子就能既提高分析判断事物的能力，也增加了在该问题方面的相关知识。

在教儿子认字时我就采用了这一套方法。

首先为了唤起儿子识字的兴趣，我施用了一些小孩还无法识破的小伎俩，我给儿子买来很多儿童书和画册，非常有趣地讲给他听，用一些带鼓励的话语来激发他幼小的心灵，像"如果你能认字，这些书你都能明白"之类的话语。

有时，我则干脆就不讲给他听，故意对他说："这个画上的故事非常有趣，可爸爸现在很忙，没有工夫给你讲。"这样一来，反而激发和唤起了儿子一定要识字的想法和心愿。待到他有了这种强烈的认字欲望以后，我才开始教他识字。

接着我就用前面用的那种方法教他。我先去打字行，买来10公分见方的德语字母印刷体铅字、罗马字母和阿拉伯数字各10套，再把这些字都贴到10公分见方的小板上，以游戏的形式教学。先从元音教起，接着以"拼音游戏"的形式在玩耍中教儿子组字。具体教法是这样：首先用画册让他看猫的画，同时教"猫"这个词的拼法，然后指着墙壁上的词，反复发"猫"的音给他听。接着从文字盒中选出组成这个词的所有字母，用这些字母拼写出"猫"这个词。当然，这些都是由我和儿子一道以游戏的方式进行的。在儿子学习时，我在旁边给他以表扬和鼓励，而且要学会这些单词也让他适度地、循序渐进地反复练习了好几天。

我还制作了许多小卡片，在上面我画上憨态可掬的小动物、房子、树木等，在画面下标出名称。我把这些卡片贴在餐厅、厨房、客厅和儿子卧室的墙壁上，让儿子可以常常看到，以加深印象。我们还常常利用这些卡片和儿子做游戏、编故事。每次出外散步，不论看到什么，马车、教堂、河流等，我看到什么就要儿子说出该怎么念，怎么拼。这些方法很有效，儿子认识的字越来越多。

儿子很快就学会了读，也就是说，他在没有学习所谓读法之前就掌握了读法。而一掌握了读法，他就能掌握更多的词汇，再加上他学的是标准德语，所以他很容易就能读书了。

儿子长到三四岁时，我每天早晨开饭前都要带他出去散步一两个小时。但是这不止是四处走走，而是一边谈话，一边散步。比如我总要抓住几个有趣的问题，讲给儿子听。他的思维活跃，想象力也特别丰富,能够顺着我的话音,一会儿谈航海去印度和中国;一会儿逆尼罗河而上;一会儿到白雪皑皑的北极探险;一会儿又在芳香浓郁的锡兰森林中徘徊。有时,还追溯到几千年以前,跟随斯巴达人攻打特洛伊城;有时坐在奥德修斯的船上,在未知的海洋上远航;有时又跟随亚历山大的军队远征西洋。

儿子的地理与历史知识就是在散步中打下了基础。可以说,除了带孩子在实地的旅游中增加孩子的各种见闻,通过接触实际环境来增加儿子的知识之外,儿子的地理和历史知识更多的是来自这段时间。在清晨清新的空气里,儿子无论学习什么都趣味盎然。

更多的时候我们走在植物繁茂的山间小道上,不时从草丛里挺出一些不知名的野花。我顺手掐起一朵野花,叫道:"儿子,快过来,我们一起看看这朵花。"儿子好奇地凑近。我一边解剖这朵花,一边向他讲解花的生长特点和作用。我告诉他:"这是花瓣,这是花蕊、花萼,还有随风飘洒的花粉,没有它,花结不出果实……"有时草丛中会突如其来地蹦出一只蚱蜢,我眼疾手快地一把逮住它。这时候,我们两个就蹲下来,头碰头一起研究这只昆虫。我会把蚱蜢的身体结构、习性、繁殖等知识尽我所能地传授给儿子。

就这样,我通过一块石头、一草一木、一虫一鸟等实用素材来对儿子进行最生动的教育,这比学校里那些死板僵化的动植物课程直观、形象多了。

其实只要有心,自然界的一草一木都可以随时成为教育的素材,自然界新诞生的一切都可以成为孩子认识与注意的对象。世界再没有比大自然更好的教师了,它能教给人无穷无尽的知识。可是非常遗憾,大多数的父母和孩子却未能好好利用它。

每逢节日，我都要带儿子到田野里去，摘下一朵花，拔下一棵草，砸碎一块岩石进行观察，窥视小鸟的窝，观察小虫的生活习性等。我利用这些实物向儿子讲述各种有趣的故事，涉及动物学、植物学、矿物学、物理学、化学、地质学、天文学等几乎所有的科学领域。卡尔非常喜欢植物，采集的标本堆积如山，他还用显微镜观察各种东西，同时，还写出有关各种事物的极其有趣的散文。

开始时他非常害怕青虫。自从告诉他青虫会变成美丽的蝴蝶后，就不害怕了。我还向他讲述蚂蚁和蜜蜂的生活规律，卡尔对它们的集体生活很感兴趣，专心研究了黄蜂和蜜蜂的生活，写了一篇不错的论文。

在用写有字母的小木板和做游戏的方式教会儿子拼音后，我又开始教他拼写。由于孩子什么都要模仿大人，当儿子模仿我也要用笔时，我就知道儿子对用笔写字产生了兴趣。我便抓住这一机会，教他写字。因此，我努力教会儿子使用笔的方法。孩子刚开始用笔时是笨手笨脚的，甚至要打翻墨水，我往往因此而不耐烦。一段时间后，我的耐心终于有效，孩子很快就学会了。

卡尔第一次提出要用笔写字时，我没给他，而是给的炭笔，并鼓励他好好写出自己的名字。他将名字写出后，让他母亲看，他母亲大吃一惊。看到这个效果，儿子也非常高兴，拼命练习写字，这说明雄心大志对于孩子来说是一种极大的力量。经过几天的努力，他终于能够以漂亮的笔法写出自己的名字。这时他才4岁。儿子5岁时，有一次我们全家出外旅行住旅馆，我让他自己在登记簿上签名，这让旅馆老板惊讶不已。

儿子刚一学会简单的句子，我就让他天天写日记。这样，卡尔从4岁开始就能记日记了。每当下雨刮风不能在室外玩时,他就拿出日记,回想幼年时代的情景,感到很有乐趣。

很多时候,我都纳闷孩子在丝毫没有兴趣的情况下学习能否坚持下去。"去学习",有很多父母认为,这种唠唠叨叨的催促就是教育。在我看来,这种方法可以称为"培养不出能力"的方法。

如果受到责备,孩子们就会去做他们不喜欢做的事情。但是,他们没有做这件事情的兴趣,他们的能力也就得不到培养。相反,如果一个孩子有做某件事情的兴趣,他就会进而培养出这种能力。他的生命力将释放出来,并把这种能力变成自己生活的一部分。

培养植物也是这个道理。真正的园丁知道,一粒种子需要足够的肥料、阳光和水分才能发芽。如果你只是把一粒种子放在手心里,然后大声对它喊:"发芽!发芽!发芽!"那么你对这粒种子也太残酷了。种子只有在适当的条件下才会发芽。

但是,成年人往往都是这么做的。我经常对母亲们说:"孩子们多听话啊!相比较之下,成年人实在太残忍了。尽管心怀不满,孩子们还是坚持每天读书、学习,直到慢慢地学会为止。但是,如果成年人心怀不满会怎样?如果你们受到同样的责备,你们会转过身去,用责备的语气回击。而孩子们尽管受到责备,还是照样去做。你们为什么不能让他们快乐地去做一件事呢?"

如果父母懂得适时地抓住孩子的兴趣,孩子的生活也会跟着变的。这样他就能选择释放出自己的生命力,更加茁壮地成长。

记忆力、想象力和创造力发展并重

我在前面做了那么多，都是为了能尽早开发儿子的记忆力、想象力和创造力。儿子今后取得成就与否，跟这三方面都有重大关系。但是对孩子切忌进行机械的训练，那样不会有任何效果，而应该采取一些灵活有趣的办法。

一位科学家说过：一切智慧的根源在于记忆。

早期教育可以使记忆力发展的时间大大提前。尤其是婴儿时期，每天重复输入相同的词汇，不断地刺激孩子大脑里的词汇库，可以促使孩子的记忆力迅速发展。

抓住孩子智力发展的关键时期提高孩子的记忆力也十分重要。

在我们采用"硬灌"教育法让孩子记住大量语言词汇、刺激其记忆力的发展以后，就可以开始让他逐步接触文学、历史等方面的知识了。这时候，拓展孩子记忆的内容固然是重要的，但更为重要的是使孩子掌握一些行之有效的记忆方法，并使之融会贯通到他的意识深处。

为了使儿子牢记神话和《圣经》中的故事，我常常把有关内容编写在纸牌上。后来教他各国的历史时，也采用了同样的方法。这一方法概括起来就是，起初用讲故事的方法教，而后把它们编成纸牌，采用游戏的方式教。有时我们还一起读一本有趣的书，并写出要点。

儿子很小时就把各种事情写成韵文来记忆，因为韵文比散文容易记。在儿子8岁时，我曾用骸骨教他生理学。一次，他趁我外出旅行之机，就用韵文写下了已记住的骨、筋肉和内脏的名称。我回来时，大为惊奇。

对历史上事件的教育，我多在儿子读过之后再用戏剧形式演出，这样就容易记住了。而学校教的历史课，完全是照搬年代表，味同嚼蜡，毫无趣味，学生厌恶它，从而根本记不住也就是理所当然的了。

想象力是孩子自然生成的一种最重要的能力，当他们幼小的心灵对世界不能充分了解的时候，想象力便帮助他们寻找答案，想象力使他们的思维丝毫也不被陈规陋习所约束和局限，而延伸到人类理性认知难以触及的各个角落。

倘若想象力不随着孩子的成长而泯灭的话，那么在那些健康适当的个性中它就会表现为纷沓而来的灵感和自由、发散的思维特征，为创造力提供动力，并成为诗歌、小说、建筑、雕刻艺术乃至数学、物理、化学等各种学科革新的源泉。

然而，可惜的是，由于教育失当，许多孩子的想象力没有得到合理开发，甚至被扼杀，致使大批孩子在经历了一小段彩色人生后，很快就被大人们僵硬、单调、枯燥的生活方式和思维方式所笼罩，而逐渐丧失掉因想象力带来的无尽乐趣和创造力。

有些父母对孩子表现出的想象力不屑甚至不满，是因为他们不懂得想象力的重要性，他们的想象力在童年时被扼杀了，现在他们如法炮制,来扼杀孩子的想象力。他们会说:"想象就是不切实际、胡思乱想,与其让孩子不切实际地幻想,那还不如让他多学习一个单词。"

我们的幸福有一半以上靠的是想象。不会想象的人是不会懂得真正的幸福的。贝鲁泰斯曾说过:"想象是人生的肉,若没有想象,人生只不过是一堆骸骨。"

那种没有风趣的人干什么都只论事实,排斥想象。他们甚至把圣诞老人和仙女从家里撵走。他们的这种干巴巴的生活态度也传染到对孩子的教育中。他们认为历史上的传说和不合情理的儿歌对儿童有害无益,他们更不懂得传说和儿歌能够陶冶孩子的品德。事实上,即使大人的生活,没有想象也是无趣的,何况孩子们。因此,从家庭里撵走圣诞老人和仙女,就如同撵走伴侣和抛弃玩具一样,对孩子来说是残酷无情的。何况,孩子之所以懂得爱惜鸟兽,具备了有关道德的一些初步知识,从小就立志要具有远大的理想,都是受传说和儿歌的影响所致。

如果一个人在小时候想象力得不到发展,那么他非但不能成为诗人、小说家、雕刻家、画家,而且也成不了建筑家、科学家、数学家、法学家。尽管有人认为当数学家和科学家用不着想象,但这是不符合事实的。想象对于任何人都是必要的。

因此,凡是年幼时充分发展了想象力的人,当他遭到不幸时也会感到幸福,当他陷于贫困时也会感到快活。

有人认为神话没有任何价值,予以排斥,但我却非常欢迎它们。据我观察,同样是眺望天空的星星,懂得神话的孩子的感触和不懂神话的孩子就完全不一样。

另外，由于孩子缺乏社会生活经验，不懂得善恶的区分。为了让他们分清善恶，最好的方法就是给他们讲述传说和儿歌。

我的家中从不排斥仙女，我经常给儿子讲传说和唱儿歌，使他知道大自然是仙女居住的可爱世界。因此，他从小就爱大自然。同时，他还从传说和儿歌中学到了许多优秀的道德和品质，如正直、亲切、勇敢、克己等。

为了发展儿子的想象力，我不仅向他讲述已有的传说和儿歌，还讲述自编的故事，进而让他自己讲述自编的故事，并鼓励他把故事写成文章。

有的父母因不了解孩子们的想象世界，当孩子用木片和纸盒建造城市、宫殿玩时，他们为了收拾屋子，往往不给孩子打招呼就破坏了孩子的游戏。这就无情地摧毁了孩子的精神世界。

这一举动的严重性在于，这不仅剥夺了孩子的幸福和游戏的欢乐，而且有碍孩子将来成为诗人、学者、发明家……父母在教育中往往因为轻率的举动而毁掉天才。

在创造力方面我鼓励儿子多动手、多思考、多提问题。不论儿子提出什么样的问题，我都耐心地给予解答。

在儿子1岁多时，如果拿着某种材料或玩具聚精会神地玩，而不是拿起来就扔掉，我们就及时夸奖他，并和他一起，启发他尽兴地玩。如果儿子用了一种出人意料的方法玩玩具，我们不光夸奖他，还要鼓励他多想出几种方法来。

儿子2岁时，他母亲每天像上课一样讲故事给他听。他母亲还有一套吸引他不断听下去的办法，就像报纸上连载小说那样。他母亲每天讲到"且听下回分解"的地方就打住，下面的故事情节则让儿子自己去想象创造。儿子不得不为此而挖空心思，并对可能的情节作出各种猜想。第二天，母亲在讲故事前，先让儿子说他是怎么想的，然后才接着讲。如果儿子自己猜中了，我们就高兴地欢呼。如果儿子没猜中，他母亲就夸奖说："哎呀，我儿子编得比故事本身还好呢！"儿子的创造力就在这种训练中不断培养起来。

不论是培养卡尔的记忆力，还是培养他的想象力，在这些过程中，都无法忽略思维在其中的存在和作用。关于这一点，我在教育小卡尔以及在卡尔上大学之后，更加相信了。

思维是认识活动的核心，它参与到其他的智力因素之中，使其他智力因素更加具有理解性、概括性和深刻性。例如，孩子的观察活动，在幼儿年龄尚小时，由于没有思维参与，观察得很肤浅，只能把看到的表面特征堆积起来，缺乏理解和概括。年龄大的孩子的观察，有思维参与，就能将观察到的表面特征概括起来，进行理解，找出内部联系，使观察深刻化。

其实，心理学家早就认为人的智能结构一般是由观察力、记忆力、注意力、想象力、思维力、语言表达力以及动手操作能力构成，而其中思维能力则是智能活动的核心。

思维是人脑对客观事物概括的和间接的反映。在日常生活中可多次看到：在太阳照射的地面上洒水，水一会儿就干；洗好的衣服经太阳一晒，也会变干；火炉上烧水，不仅水开了冒气，时间长了还会烧干。在这些经验的基础上，通过思维就能够概括地认识到水经加热之后的变化，即水加热到一定温度就会蒸发。

所谓间接的反映，就是以其他事物为媒介，借助于已有的知识、经验来反映客观事物。比如，虽然未看见雨滴、未听到雨声，但早晨起来见房顶、地面潮湿，就能推知昨晚下过雨。

应该说，思维是人的高级认识活动。通过思维，人们可以认识感知所不能直接反映的事物，能透过现象看本质，掌握事物之间的规律性联系，并可借助于一事物了解其他事物，间接地预见和推知事物的发展。卡尔3岁时，有一次拿起笔在一个新本子上横七竖八地划起来：2-2＝0，4-4＝0，13-13＝0，16-16＝0。在好端端的本子上乱划一通，但卡尔兴冲冲地说："妈妈，同数相减等于零。"使我和他妈妈大为震惊和高兴。

思维超常的孩子还常常表现出良好的思维品质。卡尔两岁前就表现了思维的独立性。在玩积木时，每次均是花样翻新，5岁时造句从不抄袭老师示范的句式，在听过老师的解题方法之后，常常会试着用另一种方法去解题。所以，尽管他解题的结果有时与别人不相同，而解题的思路、方法、步骤却有其独到之处，而且思维的逻辑性十分出色。可见，发展孩子的思维能力十分重要。那么，如何掌握好孩子的思维特点呢？

父母们必须清楚孩子的思维与成人大不相同，孩子的思维活动一开始是以实物和活动为基础的，思维在具体的感知和行动中进行。孩子看见了布娃娃才会想起用布娃娃做游戏。如果妈妈拿走了布娃娃，孩子的思维也随着布娃娃一同消失了。当抱着心爱的布娃娃做游戏的时候，倘若没有看见奶瓶、小勺、小碗，他就绝不会想到给布娃娃"喂饭""喝水"。生活中还常常发生这样的现象：当您给孩子一套积木，要求他先想好怎样搭以后再开始玩时，孩子却愤愤不平地抗议："我不要想，我要搭！"当一块块积木累积堆高了，孩子会高兴地叫起来："啊，房子！我在造房子！"这种现象很正常，因为孩子不会先想好再行动，而只能是一边行动一边想，一旦动作停止或转移，思维活动也就停止或转移了。这种直觉行动思维的典型特征正是人类思维的初级形态，一般大约发生在3岁左右的孩子身上。

当长到了3岁以后孩子的具体形象思维逐步发展起来。这一特点在5岁左右的孩子身上表现得尤为突出。这种思维主要是依靠具体形象和已有的表象来进行。当孩子思考"3+4＝？"时，其头脑中思考的必然是"3根香蕉加4个苹果"或"3颗糖加4颗糖"。孩子6～7岁时，随着语言的发展和知识经验的增长，开始在大脑中出现抽象逻辑思维的萌芽，也就是说开始依靠概念、判断和推理进行思维了。最明显的表现是，他们对事物的了解不仅停留在现象上，而且常常是"追根究底"，提出的问题涉及事物的本质或事物之间的相互联系。卡尔有时会问："星星为什么不从夜空中掉下来？""下雨前蚂蚁为什么要搬家？"……令人难以招架；此外，卡尔还能结合生活中的一些具体实例，理解和掌握"勇敢""认真""团结友爱""互相帮助"等一些抽象概念。当卡尔不慎重重地跌了一跤，他会强忍疼痛，竭力装得若无其事的样子，嘴里自我标榜："我很勇敢，我才不怕疼呢！"那副天真的模样让我忍俊不禁。

如何教儿子学习外语

对儿子的语言、识字教育都取得了成功，但我并不满足，我早已决心让儿子尽可能早地打下学会一门主要外语的基础。因为教给孩子多种语言，有利于孩子正确地理解词义和进行思考。从先易后难的原则出发，我决定让儿子在掌握本国语读法的基础上，学习相近的外国语。

孩子语言潜能无限

卡尔刚8岁，他已经能够读荷马、波鲁塔柯、威吉尔、西塞罗、奥夏、芬隆、弗罗里昂、裴塔斯塔济、席勒等德国、法国、意大利、希腊、罗马、英国等6种语言的文学家的作品了。

一般人都畏惧学习外国语，会6国语言，这对他们来说是需要花上一辈子的精力才能完成的事。卡尔在这么小的年纪，用这么短的时间就做到了，这里面有什么秘诀吗？并没有什么秘诀，只是我在教授儿子外国语的过程中总结出了一些经验。

让他的耳边洋话连篇

学外语首先多用"耳"，现在以拉丁语为例。拉丁语是学生们的一项重要基本功，要想研究学习就离不开它。而且一旦学会拉丁语，就容易学会法语、西班牙语、意大利语。但学生们差不多都讨厌拉丁语。在我看来，之所以出现这种情况是由于他们没有打下学习拉丁语的基础。鉴于此，我认为有必要尽早开始给儿子打好学习拉丁语的基础。

因此，在儿子的摇篮时期，我就开始教他拉丁语。

诸位一定认为我的说法前后矛盾，同时也奇怪我如何能够教导一个躺在摇篮里，除了吃和睡，什么也不懂的婴儿。其实很简单，就是让他听。由于婴儿善于用耳而不善于用目，所以我就利用听的办法教儿子拉丁语。

每当儿子睡醒以后情绪比较好的时候，我就用清晰而缓慢的语调给他朗诵威吉尔的《艾丽绮斯》，这是一部出色的叙事诗，同时也是一首极好的摇篮曲，儿子非常喜欢，每每听着听着就入睡了。因为有这样好的基础，所以儿子学习拉丁语时感到很轻松，并且很快就能背诵《艾丽绮斯》。

多实践比背诵更易掌握外语

我从不系统地教授语法，因为即使教给孩子语法，孩子也不会懂的。诚然，对大人来说以语法为纲来学习外语是有效的。但是对孩子则必须采用"与其背莫如练"的方法。因为，任何一个孩子，不都是用这样的方法学会了本国语言的吗？

教语言时，通俗易懂的诗最易于记忆，所以我总是先教些诗歌，使儿子熟悉这种语言的感觉。掌握了一些基本的东西后，我就要求儿子运用到日常生活中来。一旦教哪种语言，我平时就用这种语言跟他交谈。儿子若是遇上不会表达的地方，用德语跟我说话，我就不理会他，逼他自己想出表达的办法来。同时我还要求他看所学语言的书籍，因为要学好一种语言的最好办法就是看懂该种语言的书，任何语言最精华的部分都在书里。遇上不懂的单词时，我就让他自己去查辞典。由于开始儿子只学了一些常见的单词，因此频繁地查辞典，后来查辞典的次数越来越少，就表明他已经掌握那种语言了。

多与外国人交流

此外，我还鼓励儿子与外国孩子通信，起初是和一些外国朋友的孩子，后来范围渐渐扩大，到学习希腊语时，他开始给一个希腊孩子写信，不久，从希腊就来了回信，儿子高兴极了。从此，他对希腊很感兴趣，便读了许多有关希腊的书。接着他又和意大利、英国的孩子通信了。他对这些国家也很感兴趣，还兴致勃勃地研究起他们的地理和风俗习惯。就在通信的一来一往中，儿子的外国语长进了不少。

从与母语相近的语言学起

在儿子能用德语自由地阅读后，我又马上开始教他学法语，那时他才6岁。由于运用了恰当的方法，只花了一年的时间，卡尔就能用法语自由阅读各种法文书籍了。当然，他之所以学得这样快，首先还是因为他的德语知识非常丰富。卡尔学完法语后，又马上开始学意大利语，只用了6个月的时间就学会了。这时我认为，可以教他拉丁语了。

学校里一般都规定学习外国语必须首先从拉丁语学起。但我觉得这样做过于勉强，只有从与德语最相近的法语开始学起才是合乎逻辑的，所以就采取了先易后难的顺序。学拉丁语对于十几岁的孩子来说也是相当难的，被视为所谓头痛的语言。因此，我是经过了相当的准备以后才开始教他的。为了提高儿子的兴趣，在教拉丁语之前，我先把威吉尔的《艾丽绮斯》的故事情节、高超的思想、漂亮的文体等讲给他听。我还对儿子讲，如果要想成为一个卓越的学者，就一定要学好拉丁语。儿子的好胜心被激发起来了。

在他7岁时，我常常带他去参加莱比锡音乐会。有一次在中间休息时，儿子看看印有歌剧歌词的小册子对我说："爸爸，这既不是法语也不是意大利语，这是拉丁语。"我趁机启发他："不错，那么你想想看，它是什么意思。"儿子从法语和意大利语类推，基本明白了大意。他高兴地说："爸爸，如果拉丁语这么容易，我很想早点儿学。"

到这时我觉得条件已经成熟，才开始教他拉丁语，只用了9个月的时间卡尔就学会了。

然后卡尔开始学英语，学完英语又学希腊语，前者用了3个月，后者用了6个月。

儿子学希腊语比较有意思，整个过程基本上就是一个阅读巨著的过程。他学希腊语是从背诵常见的单词开始的。我为他做了希腊单词的德译卡片，他首先从这些卡片中学会了常见的单词。

掌握了一些单词后，他立即转入译读。最初，他读的是《伊索寓言》，接着又读了色诺芬著的《从军记》。同教授其他几种语言一样，我并不系统地讲授语法，只是随时教他必要的东西。

当我工作的时候,我让儿子坐在自己桌子的旁边学习。当时德国只有希腊拉丁辞典,没有希德辞典。所以,儿子在学希腊语时,不得不一个单词一个单词来问我。虽然工作很忙,但我对儿子的提问,从不发脾气,一面耐心地教,一面从事自己的工作。

这样一路学下来,卡尔又读了希罗多德的历史学巨著,色诺芬著的《宝典》《苏格拉底言行录》,提奥奇尼斯和莱尔丘斯著的《哲学家列传》,以及洛西昂的著作等。他7岁时,读了柏拉图的《对话集》。但是他告诉我说《对话集》的内容没有看懂。

用不同的语言去读同一个故事

读过一遍小说,就不想再看了,而儿子却乐意反复多次地听相同的一个故事。我抓住这一秘诀,在教外国语时,让儿子用各种不同的语言去读同一个故事。比如在读安徒生童话时,既让他用德语读,又让他用法语、意大利语、拉丁语、英语和希腊语读。这一方法行之有效,儿子将各种语言融会贯通,学习起来又轻松又快捷。

弄清词源

要学好外语,弄清词源是很有益的。为此,我让儿子从小就这样做,并做了好几本笔记。比如为了记住某一个拉丁语单词时,我总让儿子去调查由此产生出了哪些现代词,并把结果记在笔记本上。这样,他既学会了那个拉丁语单词,又记住了由此派生的现代词,对语言发展变化的规律也有了直观的认识,可谓一举多得。

好玩才能学得好

我要在这里再次提醒父母们，孩子学习语言的能力是惊人的，关键在于是否运用了最有效的教学方法。我认为最有效的办法是在学习中与孩子做各种游戏。

在儿子刚学会说英语时，我就把"您早"这句话用十三国语言教他，儿子很快就学会了。而且学习方法也很有趣，每天早起，我让儿子对着代表13个国家的13个玩具娃娃，用各国的语言说"您早"。根据孩子爱玩、好动的特点，我和他利用语言做各种游戏，比如讲故事、说歌谣、猜谜语、比赛组词造句、编动作说谚语、编故事，等等。如此生动地学习，卡尔怎么会学不好呢？

幼儿学外语应该及早，我认为，越早越好。因为在0～3岁时期，幼儿属于学习语言的零困难期，就是说无论多么拗口的语言，无论多么复杂的发音，他都毫不困难地能够掌握。由于这一时期幼儿的语言属于全盘吸收的阶段，家长输入多少原料，他可以照单全收，所以，应该尽可能多地跟他讲外语。有人认为，小孩外语学多了，会跟母语混淆，这是没有根据的。

绝不使用填鸭式教育

传统教育最大的弊端就是一味采用"填鸭式"教学法。这种灌输式教育就像给树浇水，只浇到树叶上，根本就没有浇及根部，树木怎么吸收得到水分呢？在一股脑儿的知识灌输中，学生的感知功能因而丧失殆尽，所接受的只是大量抽象的原理与公式，完全没有真正理解。就好比全家人喂养一只宠物，大家争先恐后地喂它，只好将它的嘴撑开，像填鸭一样把食物一股脑儿送进它的嘴里。

其实这样使孩子既难受，又学不到任何有用的东西，成为只会背诵公式和定理的庸才。显然这是用知识积累代替了智力发展，而实际上后者要远比前者重要。

若要真正做到发展孩子的智力而不仅仅把它变成越来越厚的字典，就要从唤起孩子的兴趣做起。

为了做到这一点，我从不对儿子进行系统性的教育，从小事先告诉他哪些是植物学上的问题，哪些是动物学上的问题等，或是先按照课本教给他一些基础知识。不，这些都与儿童的学习习惯不符，我绝不这样做。只要在散步时儿子对某种事物引起注意，我就教给他相应的知识。因此，当儿子后来阅读动物学和植物学的书籍时，他已对书上的内容并不感到生疏，而且很容易理解了。

以我教他画地图为例。本来由于没有地理方面的知识，孩子是很难理解地图的概念的。但我从儿子很小的时候就带他到各个地方周游，尽管儿子没有系统地学习过地理书上的知识，但旅途中掌握的各种常识和每天早晨散步时打下的地理基础使儿子对地理课本上的东西并不陌生。只是我并没有局限于让儿子从地理书中形成这个概念。我的方法是，对儿子的地理教育一定要让他身临其境，这样可以对地理的概念有一个直观生动的认识。

那时我有空就带着儿子到周围村庄去散步，叫他注意观察不同的地形、地貌、河流的走向、森林的分布等。为了有个全面的了解，我们走遍了方圆几百里几乎全部的区域。儿子对这种边学边玩的远足很有兴趣，从不叫苦叫累，晚上回家时，他还要把当天的所见所闻一一向他母亲报告一遍，对地理环境的描述都相当准确。

这样实地勘察了一段时间，等到对邻村的情况有了基本的了解之后，我就让儿子拿着笔和纸登上我们村里的一个高塔上。在塔上瞩目远眺，走过的地方一一呈现眼底，我还适时地向儿子提问有关周围的地名，他不知道的地方就给他说明。

对全貌有了了解后，我就要求儿子画出周围的地理略图。因为准备工作做得比较充分，他画出的略图大致准确。然后我又带着他循原路去散步，一边走一边记，在略图上添上道路、森林、河流、丘陵等。就这样邻村的地图便画出来了。

待到这些工作做完以后，我们俩还去书店买来这个地方的地图，把自己画的与书上的地图进行比较，并对有误之处做出修改，最后儿子得到了他平生第一次由他自己制作的地图。我妻子很骄傲，将地图镶在相框里，挂在客厅墙上，唬住了不少客人，他们都不相信这么精细的地图出自一个 5 岁孩子之手。

就这样，我循序渐进地教给了儿子难以理解的地图概念，并且制作地图还成了儿子的一大爱好，他以后不论去哪儿旅行，都要亲手制作当地的地图。

在教会了儿子动物学、植物学和地理学的一些基本知识后，我又用同样的方法教会了儿子物理学、化学和数学。天文学则是拜托梅泽堡的一个贵族塞肯得罗夫教的。之前，为了使儿子对天文学有兴趣，我让他多看神话书，同时带他去天文台，用望远镜观看天体，还和一些天文学者交上了朋友。他们告诉我儿子天文学有多么奇妙有趣，鼓励他好好学习它。

儿子从四五岁的时候就开始注意天上的星星，这是他很自然的好奇心。我发现了这一点，开始给他讲天上的星星是怎么回事，并给他买一些有关天文的读物。

再大一些的时候，我们就帮助他一起做自己的天文望远镜，我们买了图纸，订购了镜片什么的，就照着图纸一起做。第一个很简陋，但是我们都很兴奋，尤其是卡尔。之后，他就经常用来观察夜空，我们还要他记下每一次的观察结果。当然这只是业余的，但是我想他喜欢这个，在以后的一生中，儿子都会觉得很有意思，而且观察夜空，你会发现很多平时发现不到的东西。

数学和科学技巧的培养

在读书的过程中，植物学、动物学、地理学，都可以到大自然中去实地接触，在游戏玩乐中就学到许多东西，孩子的兴趣自然高涨。唯有数学，它是一门纯抽象的学科，只能依靠自己的思维能力，好动爱玩的孩子会觉得太枯燥。

我儿子刚开始也不喜欢数学。尽管我早已通过游戏法教会了儿子数数和数字，并用做买卖的游戏很容易地教会了他钱的数法，然而，当我要教他乘法口诀时，却碰到了麻烦：儿子有生以来第一次厌弃学习。由此可见，即使是已到5岁左右的孩子，也是不喜欢死记硬背的。后来我把口诀编成了歌词供他唱，他还是不喜欢。

这时我真是有些担心了。当时儿子才5岁，已经能用3个国家的语言说话，还懂得动物学、植物学、地理学，他在神话、历史和文学方面已达到初中毕业生的水平。可是，他在数学方面却很弱，连乘法口诀都不会。他是否在学业上有所偏向了呢？一个偏科生显然不符合我培养孩子的理想。我的理想是使儿子均衡发展，在成材的同时真正感到幸福。片面发展的人不可能成为真正幸福的人。

那段时间，我为儿子对数学不感兴趣而苦恼。尽管如此，我还是没有强制儿子死记硬背乘法口诀，因为我坚信强制是行不通的，并容易扭曲孩子的性格。

我的苦恼被一次与罗森布鲁姆教授的幸会而解开了。罗森布鲁姆教授是格拉彼茨牧师的朋友，是一位数学教授，他的数学教学技巧相当高明。一次，我去看望格拉彼茨牧师，在他家里幸遇了罗森布鲁姆教授。

在听了我的担心后，罗森布鲁姆教授一语道破了问题之所在："尽管你儿子缺乏对数学的兴趣，但绝不是片面发展，而是你的教法不对头。因为你不能有趣味地教数学，所以他也就没兴趣去学它。你自己喜好语言学、音乐、文学和历史，所以能有趣地教这些知识，教授动物学、植物学和地理学你也很有一套，你儿子也就能学习。可是数学，由于你自己不喜欢它，因而就不能很有兴趣地教，你儿子也就厌恶它。"接着，这位杰出的学者十分热情地教给我一套教数学的方法。我用这些方法教儿子数学后，效果非常好。

这位学者的建议首先是让孩子对数学产生兴趣。例如：把豆子和纽扣等装入纸盒里，父子二人各抓出一把，数数看谁的多；或者在吃葡萄等水果时，数数它们的种子；或者在帮助女佣人剥豌豆时，一边剥一边数不同形状的豆荚中各有几粒豌豆。

我们父子俩还经常做掷骰子的游戏。最初是用两个骰子玩，玩法是把两个骰子一起抛出，如果出现3和4，就把3和4加起来得7分。如果出现2和4、3和3，就得6分。这时就有再玩一次的权利。把这些分分别记在纸上，玩3次或5次之后计算一下，决定胜负。卡尔非常喜欢这类游戏。当然，在儿子投入到这种游戏的乐趣中以后，我仍按罗森布鲁姆教授的建议，每次玩游戏不超过一刻钟。理由是所有数学游戏都很费脑力，一次超过一刻钟就会感到疲劳。在这一游戏玩了两三周以后,我们又把骰子改为3个、4个,最后达到了6个。

接着,我们把豆和纽扣分成2个一组的2组或3组、3个一组的3组或4组,把它们排列起来,数数各是多少并把结果写在纸上,然后把这些做成乘法口诀表挂在墙上。这样一来儿子就懂得了"二二得四、三三得九"的道理,而且非常高兴。更复杂的游戏可以以此类推继续做下去。

为了使儿子将数学知识运用于实际,我还经常给他做模仿商店买卖情景的游戏。所卖的物品有用长短计算的,也有用数量计算的,还有用分量计算的,价格是按着实际的价格,钱也是真正的货币。我和妻子常常到儿子开办的"商店"买各种物品,用货币交付,儿子也按价格表进行运算,并找给我们零钱。

就这样,我按照罗森布鲁姆教授的方法施教后不久,儿子就对数学产生了浓厚的兴趣。一旦有了兴趣,以后的教学就像流水一样,从算术开始一直到顺利地学会了代数、几何。到后来,儿子就不仅是有兴趣了,他简直就爱上了数学。

从卡尔很小开始我就有意识地教他加快头脑运转的速度。同样一个问题,每个人的反应速度是不一样的,在保证准确性的基础之上,反应速度快的人智商显然要高于反应速度慢的人,他们所获得的机会当然也高于后者。

决定成败的一个重要因素是心理活动的速度。我们来看一个最简单的题目:说出数列3,6,9,12……在这个题目上,没有人会感到困难,也没有人会出现错误,但是,有的人可能在几秒钟内说出十几个数字,有的人则只能说出几个。这种速度上的差异,将在那些难度较大的问题上得到同样的表现。也就是说，对容易问题回答得快的人，对困难问题的回答也快，反之亦然。这种普遍存在的心理活动的速度差异，是决定智力差异的基本的和固有的基础。

卡尔灵活敏捷的头脑完全得益于日常训练。他头脑高效的运转和反应不仅仅体现在数学方面，还包括作文造句和对自然知识的了解上。而他对事物思考和判断的准确快捷也已初见端倪。

有一天，我准备带他去旅游，临行前铺开地图和卡尔研究：

"我们去西海岸，如果我们这样走的话花 500 马克，但要耗时 2 天，如果从这边这条路线走则需 720 马克，耗时 1 天半……"

我思前想后，有点儿犹疑不定。

卡尔突然开口说道：

"爸爸，你只考虑了地上的路线，我们完全可以乘船走啊。"

卡尔有条不紊地分析看，很快安排出一条最便捷、沿途风光也最美的路线。而此时，谁能想到这个孩子年仅 5 岁呢？

第五章
给孩子游戏和成长的空间

>>>>>>>>>>>

游戏是人在儿童阶段中最纯洁的、最神圣的活动。游戏给人快乐、自由、满足,内部和外部的平静与整个世界的安宁。一个能够痛快地、有着自主的决心坚决地玩游戏、直到身体疲劳为止的儿童,必然会成为一个完全的、有决心的人。

在游戏中培养孩子的各种能力

在儿子的成长过程中，我经常带他去参加各种活动，让他感受外部世界，丰富他的感性经验。我不断地诱导他用看、听、说、做、尝等方式参与游戏活动，让他养成善于观察的习惯。我还在游戏之中加强对儿子的语言指导，促使他用语言的作用去分析已感知到的事物，以便有效地提高和发展他的观察力。

在与儿子游戏之中我还发现，丰富多彩的东西容易引起他的注意力，而枯燥乏味的活动容易造成他的注意力分散。游戏在孩子的心目中占有重要地位，只要游戏有浓厚的趣味，孩子就会乐此不疲，全力以赴。

注意力是伴随感觉、知觉、记忆、思维和想象等心理过程的一种心理特征。注意力的集中和分散，对孩子的发展影响非常大。一个漫不经心、注意力不集中的孩子能够取得大的成就，是不可想象的，所以对于儿子，我非常着重培养他的注意力。我尽量把游戏做得有趣，这样很容易集中他的注意力。

在游戏之中，我还尽力去培养儿子的记忆力。因为记忆在孩子心理发展过程中具有重要的作用。孩子通过记忆感知过去的经验，在大脑中留下印象，从而促进心理的发展。记忆力的差异主要表现在记忆速度、准确性、持久性、准备性和灵活性上。记忆对于孩子的个性、情感、意志等都有重要意义。

为了培养儿子的记忆力,我绞尽脑汁,想出了很多办法,也取得了很大的成效。

我细心地为儿子提供丰富的游戏材料。我发现那些具体、直观、生动的形象会唤起他对过去感知过而非眼前的事物,经过不断的重复,他的记忆就非常完整和准确了。我时常运用语言对行为和实物进行描述来唤起他的记忆,因为孩子的头脑中,形象与语言、词语的关系是十分密切的。

有了很强的注意力和观察力,儿子的记忆力很容易得到很快的发展。到后来,只要他见过的东西都记得非常清楚。

每当我和儿子经过某个地方,过后我就会要求儿子把刚才见到的东西说出来。比如,当我们经过水果店后,我就会问他,水果摊上都有些什么水果。

每当这时,他就会掰着手指说:"有苹果、梨子、茄瓜,还有葡萄……"

我发现,这一类的游戏对发展儿子的记忆力十分有效。在卡尔5岁时,他几乎能做到对任何事物都过目不忘。只要他看过的书,除非是太难太长的,他都能一字不差地背诵下来。这些事时常让他周围的人感到非常惊讶。

有一天,我们家来了一位客人。他是我的老同学,现在是一位有名的儿童教育专家,我称他为大胡子比利,因为我的那些同学都是这样称呼他的。

大胡子比利曾在儿子两岁的时候见过他,现在已经有3年没有见到了。由于儿子非常可爱，大胡子比利一进门就把他抱了起来。

"先生，您的胡子怎么不见了？"卡尔一开口就问他这个问题。

虽然比利有大胡子的绰号，但他在一年前由于皮肤发炎而早已不留胡子了。他非常奇怪地问卡尔："你怎么知道我有胡子？"

"我当然知道的，我小时候见过您，那时可把我吓坏了。"小卡尔非常调皮地对他说。

"你的儿子真不得了，"比利对我说，"我记得3年前我只是很短暂地和他见了一面，没想到他居然现在还记得我。"

大胡子比利对我说，他见过很多孩子，但从来没有见到观察力和记忆力这么好的孩子。他还问我是不是儿子天生就有这种才能。

当我给他讲述了我对儿子的训练方法后，大胡子比利非常吃惊。他决定把这种方法应用到他对儿童的教育上，并积极向他的同行们介绍推广。

如果孩子在游戏中表现出超常能力，我就及时增加难度，让他有快速的进展。如果他表现欠佳，我也不着急，只是想办法给予他更多的关心和帮助，激发他的兴趣，让孩子从成功的欢乐之中增加信心，不断进步。

我在对待儿子的游戏上，尽量做得浅显易懂，选择那些儿子可以理解的，或者见得到的东西或事物，我尽量让游戏具体、直观、形象，还让他做些小实验，亲自去发现一些东西。

在开发孩子智力的游戏中，父母应该结合孩子的年龄特征和实际水平，有效地选择和编制这种游戏。游戏的内容不能太容易也不能太难，否则将不会发生正面作用。当卡尔三四岁的时候，我主要采用具体形象、实物跟动作相联系的方法。等他长到四五岁时，难度增大了一点，内容加深了一些，但都是他经过努力可以完成的。我从来不用少见或怪异的问题去为难他。

儿子根据自己有限的知识和生活经历，选择自己喜欢的主题和内容，选用自己喜欢的东西和材料。他虽然是以模仿为基础，但可以充分发挥自己无拘无束的想象力，创造性地构建自己的生活。

在这种游戏中，我让儿子毫无拘束、主动积极、生动活泼地模拟和创造他所体验的世界。通过游戏，让他对自己所体验到的世界加深认识。我时常让儿子自己构思主题、安排情节、分配角色、制定规则。我要他自己去构思、去策划、去组织、去实施。在整个过程中，孩子的创造能力和解决问题的能力会得到充分的发展。在玩的过程中，我和儿子友好相处，相互协调，有时和他一起出主意、想办法。这样，他的协调能力会得到很好的发展。

在孩子的生活当中，很多事情都会使他们感兴趣，很多事都会成为他们最好的游戏。下雪的时候，孩子去堆雪人；下雨时，他会去挖沟渠。他还会用泥沙和石块建造神秘的城堡、雪人、雪墙、雪老虎，似像非像，妙趣横生。孩子冻僵了手，冻麻了腿，但仍然乐此不疲，如痴如醉。

卡尔小时候很喜欢的一种游戏就是搭房子。在游戏之中，他逐渐对前后、左右、上下、中间等空间有了认识，逐渐形成了高矮、长短、轻重、大小等观念。在这种过程中，他学会了有计划、有步骤地进行设计，既有了成就感，也增添了无穷的乐趣。

在搭房子的过程中，孩子必须手脑并用，肌肉得到了锻炼，手眼得到了训练，他的动手能力大大增强，手巧而心灵，潜力得到充分的发挥。由于在着手之前，脑子里面先要有个形象，于是在这种游戏之中孩子也发展了他的形象思维能力。

每当卡尔玩这种搭房子的游戏时，我都要给他很多的帮助。我时常引导他对搭建的对象充分地加以想象，告诉他想象得越具体越好。有时我利用现有的模型、图画去加深他头脑中的形象。这不仅有利于游戏的顺利进行，更主要的是开发了他的形象思维能力。

我积极地为卡尔的"工作"创造条件，面对我的支持，他会更好地调动潜在的能力。我还给他讲一些有关结构建筑的基本知识和基本方法，告诉他怎样将木块铺平，怎样去延伸它们，怎样才能达到合理的受力效果，等等。

我认为，孩子的各种能力都应该从小培养。有人认为像创造力这样的东西应该在孩子长大后才会具有，这完全是个谬论。其实，当一个孩子开始懂得玩耍时，他的创造力就已经开始了。

大多数孩子都喜欢玩泥巴，他们将泥巴揉来捏去，堆出自己想要的形状，这其实是孩子在用最原始的玩具表现自己的创造力。可这使很多父母深感不快，一方面被弄脏的衣裤使父母繁重的家务劳动增加了分量，而另一方面孩子脏乎乎的模样似乎成为其未受过良好家庭教育的证明。父母们竭力阻止孩子玩泥巴，以便孩子保持干净整洁，却不知孩子创造力的发展也因此受到影响。

一位儿童教育专家奉劝道："与其阻挠孩子玩泥巴，不如创造条件和孩子一起来玩，只要告诉孩子不要把脏手放进嘴里，玩完以后把手洗干净就可以了。完全不必对孩子玩泥巴大惊小怪，这是他表现自己个性和创造力的好机会。"

让孩子在游戏中学会与别人合作

在卡尔的成长过程中,我非常注重观察他内心世界的变化。在卡尔和小朋友的游戏过程中,我也注意用各种培养他和他人合作共处的意识和技能。其实,孩子不断地与人合作,关键是引导孩子关注自己与人交往、与人合作的方式,关注自己对待他人的基本观念。从一开始,我就注重在游戏中培养他的品性,因为个人的成功与否不光是与他们学识和能力有关,性格往往是决定成败的关键因素,而孩子与别人相处的本事,很大部分是从促使他们走出自我的世界、学会与别人合作的游戏过程中获得的。

在卡尔3岁时,我的一位亲戚来我家做客,他带来了自己的小女儿,也就是卡尔的小表妹。起初两个孩子在一起相处得非常好,由于他们年龄相差不大,又是早已听说过的兄妹,所以在一起极为投缘。可是,在一起待了两三天,他们之间就开始产生矛盾了。

有一天他们在院子里玩,卡尔正在用那些木块搭建房屋,小妹妹也在兴致勃勃地给他帮忙。

卡尔像一位工程师,指挥他的表妹做这做那。开始一切都很正常,可是后来小表妹就不听他的话了。她非要把一块圆形的木块放在卡尔没有指定的地方。他们在外面僵持了很久。小妹妹把木块放上去后,卡尔一定要把它拿下来,但小妹妹偏不妥协又重新把它放上去。这样你来我往的不知多少次,最后终于争吵起来了。

我和亲戚听见他们的争吵,赶忙跑了出去。

卡尔怒气冲冲地坐在地上,而小表妹在那儿哭得非常伤心。

"怎么啦,卡尔?"我严厉地责问他。

"她不听话。"卡尔说道。

当我弄清楚是怎么回事后开始开导卡尔:"卡尔,你比妹妹大,就应该让着她。那块圆形木块放在那儿不是挺好吗?"

"不,那样不好看。"儿子坚持道。他说完就冲过去一脚把还未搭建完的小房屋踢翻,然后头也不回地向房间快步走去。

儿子的做法让我感到吃惊,我还从未发现他有这么任性,也从没见过他发这么大的脾气。

面对这样的情况,我并没有发怒,也没有立即去理会儿子,而是把坐在地上哭的小侄女抱了起来。

晚上吃饭的时候,我特意把儿子和小侄女安排坐在一起。

"儿子,你今天怎么那样对待妹妹呢?"我问卡尔。

"我又没有对她不好,只是为了她不听我的话而气愤。"

"为什么她一定就要听你的话呢?"我问。

"因为她不懂,而我很精通搭建筑。"儿子回答。

"妹妹在搭房子时捣乱了吗?"我问。

"没有。我认为那块圆形木块放在那儿不好看。"儿子回答。

"可是你想过妹妹为什么要那样做吗?"我问。

"没有。"

"我认为,妹妹所以那样做是因为她觉得那样好看。"

"可是……"

"卡尔，你平时一个人搭建筑的时候，我们都没有管你，是要你独自发挥想象力。可是今天不同了，既然妹妹也在参与这件事，你为什么不能给她发挥想象力的机会呢？"

"我……"

"今天你和妹妹在一起，不仅应该玩得很高兴，还要充分发挥你们两个人的能力去把房子搭得更好。你要记住，一个人的能力是有限的，要想把事情做得完美，就要集合很多人的力量。妹妹有些地方不会，你应该耐心地教她，而不是任性地胡闹。你想想，如果你有什么地方不懂，而我不耐心地指导你却跟你发脾气，会有什么后果呢？"

我说完后，卡尔一言不发。但我知道他已经明白了我的意思。

第二天，卡尔和小表妹又在一起愉快地玩耍，并且他们合力搭起了一座极为壮观的"宫殿"。

有时候卡尔和朋友们一起进行游戏，这时候卡尔就会体现出他的合作意识来。他们的游戏是装动物，比如大灰狼，在半小时的时间内，4个人彼此合作将各个部件组装成形。

这完全是一种自发分工的场面。至少有4种独立的工作要一个人来完成：从分别放着各种部件的箱子中取出部件，送到组装地点；再按照拼图的要求摆放各种部件的先后顺序，并递给负责组装的人；一个人专门负责组装牢固，另外3人必须随时搭好未完工的大灰狼，以免它倒地摔碎。尽管合作性游戏大家已经做了很多，面对新的任务分工，孩子们仍然要经过一段时间的相互磨合和探索。

卡尔一直都很擅长组装工作，他满心希望亲手组装大灰狼，可是分工时科林、伦道夫和安都想当最后的"工程师"。4人间确实争执了一会儿,看到时间已经过去了很多,他们仍然各不相让。看看时间,卡尔立刻下了决定,他说:"那好,我去开箱子,取各种部件。再不动手,我们就要来不及了。"

科林也忽有所悟,说:"那么,我就来负责摆好各种部件的顺序,并负责给安递部件。伦道夫,你的耐性好,你去取部件吧,由卡尔和安负责组装。这样分工,你们看怎么样?"

伦道夫和安也都同意了,因为时间已经不容许大家再犹豫。经过卡尔的首先妥协立场,大家很快确定了分工的方式。分工确定后,组装工作也就有条不紊地开展了。他们终于在40分钟内完成了组装,一只野性十足、栩栩如生的大灰狼展现在4个孩子的面前,直冲他们龇牙咧嘴。

我与儿子一起玩游戏

孩子希望父母跟他一起玩游戏,这是孩子非常渴望的事情。为人父母,应该有这份"闲情逸致"。有的父母不明白这一点,要么拒绝孩子的请求,要么随意中断正在进行的游戏。这样不仅影响了父母与孩子应有的情感交融,而且打击了孩子参与游戏的积极性。

父母应该积极参与孩子的角色游戏,因为这有利于让孩子体验和认知他人的生活。父母应该经常提醒并鼓励孩子观察日常生活,了解各种人物的活动,特别要让孩子观察父母本身的生活。

父母要有意识地让孩子也当当"爸爸""妈妈",体验一下父母的滋味。这种滋味尽管是肤浅的,但千万不要忽视它,因为它是有益的。孩子会从中体验父母的辛劳,不断地加深对父母的理解。

在教育儿子的过程中,我深深地感到在这种游戏之中,父母不仅是一个角色,而且是主谋,要担当指挥行动的重任。

如果孩子违反游戏规则时,父母要注意提醒他,但千万不要让游戏半途而废。如果这样,会极大地打击孩子对家庭角色游戏的兴趣和积极性,影响是比较严重的。

可以这样说,卡尔之所以能够健康成长,并有了今天这些成就,在很大的程度上都归功于这种父母与他一起玩的过程。这不是我在过分地赞扬自己,可事实就是如此。

父母和孩子玩的时候,一定要仔细去观察他,尽量去了解他的内心世界。即使孩子很小的时候也应该这样。人们以为几个月的孩子因为太小而什么都不懂,这是大错特错的。

在卡尔五六个月时,我就发现他也是有情绪的。情绪好时,他浑身是劲,那些翻来滚去的游戏玩起来也很过瘾。他似乎从中感到了自己的力量,并且慢慢地学会控制自己力量的能力。情绪不好时,他会感到浑身没劲,如果此时父母再叫他玩这种游戏,他会觉得不舒服,认为自己无能。

孩子的适应能力、反应速度比父母所想象的要慢得多,特别是在做游戏的时候。父母陪孩子玩的时候,要根据孩子的反应速度来进行,否则,孩子会心有余而力不足。父母必须顺应他的反应,要有耐心,否则就成了父母的独角戏。我在卡尔很小的时候就发现了这一点。比如我和6个月的儿子说话,如果我不断地讲,或只停一下又继续自己的长篇大论,他是完全弄不懂的。又如我递给他一个好玩的东西,他要一个较长的过程才会伸出手来接。这时,我必须耐心等,直到孩子伸手来接,不能把东西直接放在他的手里。如果我亲吻了他一下便马上转身离开,那么他就不会感到有趣,他可能很想给我一个微笑,但我没有给他足够的时间。要跟孩子玩,就应该给他足够的时间。

我认为,最好是孩子的大部分时间都在靠近父母的空间中度过。这样,孩子可以时时得到父母的关爱,不断交流感情。否则,孩子会感到孤独、厌烦,感到不安全。父母应该尽量避免这种情况的发生。为了避免这种情况,可以把孩子带到父母做事的地方去,叫他临时在那里玩。对于儿子,我和他的母亲都时时鼓励他参与我们所做的事,而我们发现儿子也乐意这样做。

比如我在用水时,儿子很想玩,我就让他积极参与。有时卡尔还会帮助母亲扫地。这些简单的家务事在他那里都变了游戏。

每个孩子都是一个独特的个体,他们的适应能力都有所不同。对于孩子的适合程度应该是又能引起他的注意和兴趣而又不至于吓着他。有的孩子荡秋千时开怀大笑,有的则吓得大喊大叫;有的对催眠反应灵敏,有的则毫无反应。因此,父母要善于了解自己的孩子,看他的反应适合哪种游戏。

发现孩子的个性是父母的素质。

在我对卡尔的教育过程中,我尽力做得能够让他事事愉快,因为我能理解孩子的心情,同时一起玩耍,我和他都从中得到了无穷的乐意。

对我来说,一生之中最大的幸运莫过于我有一个好妻子。她是一个善良而聪慧的女人。在卡尔的教育中,她也倾注了大量的心血,也是一个非常能干而有责任心的母亲,卡尔有这样的母亲,这是他人生中的最大幸福。

我给儿子买了炊事玩具后,卡尔的母亲与其他母亲不同,她不是把炊事玩具交给孩子就撒手不管了,而是借此进一步开发他相关方面的潜能。

卡尔的母亲已经习惯了一边做饭、一边耐心地解答卡尔提出的各种问题。并且还监督卡尔,让他用炊事玩具学做各种菜。她母亲还通过各种烹饪游戏来使儿子从中享受到生活和增长知识的乐趣。

有时,卡尔会扮演主妇的角色,而让母亲当厨师。因为卡尔是主妇，妈妈是厨师，所以做厨师的妈妈就得向卡尔请示各种事情。如果卡尔下达的命令不得要领，那就失去了当主妇的资格而降为厨师。这时，当上主妇的妈妈就发出各种命令。例如，母亲命令他做某某菜，去菜园里取某种佐料等。

如果卡尔拿错了佐料，那么接下来他就连厨师也当不成了，只好被"解雇"了。

我时常听到卡尔的母亲给我讲她和儿子之间发生的趣事。

有一次她对我说："有时让卡尔当妈妈，我当孩子，真有意思。这时卡尔就给我下了各种命令，而我故意不好好做或者干脆不做。如果卡尔没有看出来，那他就失去了做母亲的资格。但是，卡尔一般都能看出来，而且还一本正经地给我提意见。那时，我就说：'请原谅，今后一定注意。'有时我故意不认账，这时卡尔就用我斥责他时所用的语言来训斥我。"

"还有的时候，让卡尔当先生，我当学生。当我故意把卡尔讲得很成功的地方说成失败时，他一发觉了就会批评我。"

我认为，这些游戏对儿子在今后生活中减少失败起了一定的作用。类似这种演剧式的游戏是很多的，导演当然是他母亲。而且有时母子还将之深化。比如，他们常常演出某个故事或者书本上的某个历史事件的某些情节。有时还在周游过的地方，进行"旅行游戏"等。通过这些游戏，我们又教给了小卡尔有关地理和历史等方面的知识。

不仅是卡尔的母亲，我有时也会和儿子玩类似的游戏。当然我不是去扮演主妇或厨师，而是扮演将军或士兵。无论是当将军或是士兵，儿子总处在一定的位置。有时，他可能是一个威武的将军，来指挥命令我这个士兵；一会儿，他又会变成一个冲锋陷阵的士兵被我指挥。

卡尔根据自己的体验和理解，常常把自己的角色扮演得活灵活现。他的扮演充满了想象力和自主性，并且还会按照自己的体验去装扮成不同年龄、性别、身份或职业的人。

我认为这种游戏对孩子有很多好处：可以满足孩子的好奇心和求知欲，可以训练孩子的主动性、独立性和创造性，能够提高孩子的观察力、记忆力、判断力和想象力，并且能够丰富孩子的内心世界，还有利于提高孩子的语言能力，训练孩子的组织能力。

书本中的故事对孩子有很大的吸引力，可以说是孩子的智慧源泉。我时常引导儿子把这些故事表演出来，有时我和他的母亲也一起加入进去。那是非常有趣的事，连我都觉得玩起来很开心。

这种游戏可以帮助孩子加深对故事的理解，而且还可以开发孩子的创造力。在游戏中，儿子充当各种不同的角色，用不同声调或动作去演绎一些优秀的作品。这对他各方面都会产生有益的影响，特别能够对他的心灵产生美的启迪。

我在同儿子进行这种游戏时，我总是选择一些适合孩子表演的故事。这类故事的内容健康，情节生动，语言优美，角色可爱，表演也比较容易。为了方便儿子理解和记忆，情节的主线都比较简明。一般来说，选择的故事对话很多，以培养他的语言能力。在表演之前，我会把故事给儿子讲清楚、讲明白，不仅让他明白自己扮演角色的语言和动作，还让他明白整个故事和其他角色。比这重要的情节我都更加仔细讲述，让他加深对故事的理解。

为了调动儿子的表演积极性，我尽量让孩子参加准备工作并为他创造一种环境和气氛。我时常告诉儿子，不要太拘泥故事本身，可以大胆想象，自由处理。无法表演的东西，如爬山、过河等，我就教他用象征性的语言和动作来加以表现。

在表演的过程中，我一般会进行适当的指导，让儿子知道自己干些什么，充当什么角色，并对自己担任的角色产生兴趣。有时候，我会为他做些示范来提示他的表演，但从不要求他一定要照着我的方法去做，因为这样会减少给他想象和创造的机会。可以这样说，虽然卡尔的童年几乎是和我们一起度过的，但他一直保持着孩子天真的童趣。

我告诉儿子：游戏只是游戏

有些孩子由于没有得到家庭细致的教育，不懂得是非善恶。由于父母没有给他们最好的度过童年的方式，他们闲散、无聊。他们不知道世界上有许多美好的东西，他们不知道读书，不知道书本的魅力，更不会在文学、艺术中得到快乐。

由于没有人给他们任何的指导，他们怎样去度过本应该美好的童年呢？有的孩子成天无所事事，有的孩子以打架和欺负别人为乐，更有的沉浸在邪恶的赌博之中。在我眼中，我丝毫看不见这些孩子有什么美好的未来。

这些孩子是不幸的，因为他们没有受到父母的良好教育，没有一个能给他们有意义童年的家庭。

有人会说，孩子的性格和才华都是天生的。他们经常说："我的那个孩子坏透了，简直不学好，怎么教他都没有用。"每当听到这样的说法我都感到悲哀。你自己都不相信孩子，弱小的孩子还会有什么好的发展呢？

我可以毫不客气地告诉这样的父母：你们不配做父母，孩子本身是好的，他们的一切过错都归结于你们。

由于上述的各种原因，在卡尔对同伴的选择上我表现得非常严格。我尽力将他和那些有相同爱好的孩子组合在一起,他们可以在一起就某个问题进行探讨,可以相互之间学到一些好的东西。

我经常看到卡尔和某个孩子一起朗诵诗歌,扮演某个戏剧里的角色,有时候会为某个问题进行争论。每当这个时候,我绝对不会去打扰他们,并为此而感到欣慰。

放任不管就会使孩子不加选择地和任何一个孩子一起玩,从而有可能沾染上各种坏习惯,有时还有可能会学坏。我常常看到一些没有管束的孩子们聚在路旁赌博,他们在一起打架斗殴,互相用肮脏的语言谩骂着。不知有多少次,我去劝说这些孩子,也不知道为他们拉过多少次架。

每当看到这样的情景,我都感到非常的寒心,他们本可以接受很好的教育,成为有礼貌、有学识的孩子,可他们并没有那样。

这些孩子很不懂事,常常互相抛甩石头,结果造成流血、受伤,甚至眼睛被打坏而致残,这是多么可怕的事!即使是抛雪球,有的孩子也去选那种像石头一样硬的冻雪块,使对方受到各种危害。我看到那些瞎眼睛、缺鼻子、少指头、坏了脚的孩子时,就常常询问其原因,其结果大都是在玩耍中受伤所致。这使我时常感到心惊肉跳、毛骨悚然。

卡尔曾经也有一群小伙伴,可当我发现那帮孩子有多么粗野时,便再也不让儿子与他们玩了。

在这里,我并不是想说那些孩子本身有什么不好,但孩子毕竟是不懂事的,由于没有大人对他们做出指导,他们经常做出一些傻事来。

安迪是一个健壮的男孩,可以说是那一群小孩子的领导人物。

他有威严、聪明，而且有非常强的组织能力，他经常带着那些比他稍小的孩子玩打仗的游戏。

或许安迪天生就有这种才能吧，他把自己的"军队"管理得井然有序。但是有一天，这位"英雄"终于被"敌人"打倒了。

那天，安迪将小伙伴们分成两部分玩攻城堡的游戏。安迪带领五六个小朋友守城堡，另外的几个人扮作攻城的敌人。

安迪挥舞着他的宝剑，一根木棍，英勇地站在一辆拉货的马车上。他一手叉腰，一手拿剑，他将两只脚踩在高大的马车轮上，口中喊着："把敌人打下去……"这真是一副大英雄的气派。

当时儿子卡尔也在其中，他和安迪并肩作战。"敌人"将石块、树枝向他们猛烈地投掷过来。安迪用"宝剑"把它们一个个地打翻在地。

"一定要守住城堡。"这是安迪和伙伴们一致的想法。可是敌人的冲锋越来越猛，他们终于抵挡不住了。

敌方中的一人，可能是他们的领袖，冲到了马车上，趁安迪不注意时向他的背部狠狠地踹了一脚，安迪"啊"地叫了一声，从马车上栽了下去。

当时，我正在家中接待一位客人，正在和那位远方来的客人谈论教育孩子的问题。卡尔却慌慌张张地跑回了家，他还未进门时我就听到了他惊恐的叫喊声。

"爸爸，不好了……出事了。"

从儿子的表情看来，我知道一定发生了不同寻常的事。

在儿子的带领下，我和客人匆匆地赶到出事的现场。那种情景使我终生难忘，连我的客人都惊恐万分。

当安迪从马车上摔下去的时候，正好踩在一把放在地下的镰刀的木柄上，也许是太巧了，那把镰刀从地下弹了起来，刀锋正好插进安迪的大腿里。

安迪倒在地上，疼痛让他大喊大叫。孩子们没有谁敢去取下镰刀，是的，那太恐怖了。安迪的腿上全是血。

"安迪真是个大英雄。"事后卡尔这样说。

"儿子，你真的以为他是个英雄吗？"

"是的，他为了保护城堡才受的伤，他表现得很勇敢。"卡尔的眼睛中流露出敬佩的目光。

"不，儿子，安迪的做法不叫英雄；至于把他从马车上踹下去的那个孩子，更是显得无知。"

"爸爸，您不是说过做人应该勇敢吗？安迪不勇敢吗？"

这时，我发现孩子是多么的单纯，他们分不清哪些是应该做的，哪些是不应该做的。

"儿子，今天你们在做什么？"

"我们在玩攻城堡的游戏。"

"对了，那只是一个游戏。那不是真正的战斗。"我抓住"游戏"这个字眼开导他，让他分清什么是真，什么是假。

"儿子，我知道你们都喜欢那些英雄人物，可是，你要知道，英雄并不意味着鲁莽，并不意味着不顾一切地打打杀杀。"

我抚摸着儿子的头，仔细地给他分析其中的对错：

"既然你们是在玩游戏，而且你们都是好伙伴，为什么非要真打呢？这种打仗的游戏很容易把朋友变成敌人。你看，安迪很有可能会永远记恨把他踹下去的那个孩子，因为他受到了伤害。

"本来很要好的朋友变成了敌人，或许有一天安迪还会去找他报仇呢。我不希望让你和你的朋友们心里面产生仇恨。仇恨会产生恶念，恶念会造成恶行。"

"可是安迪的确很勇敢啊。"卡尔还是没有懂其中的道理。

"我相信他是个勇敢的孩子，也很聪明。但如果成天这样打打杀杀会有什么结果呢？今天被镰刀砍伤腿，可能明天会被石块打坏眼睛，后天又会被摔断手臂。这有什么好结果呢？一个屡屡负伤的孩子，长大后什么也干不了。如果他想当一个将军，那么现在就应该懂得保护自己。一个缺胳膊少腿的人，怎么能够去领导军队打击敌人？"

"你们是孩子，不能把握好游戏的分寸。你要知道，游戏仅仅是游戏，不能真刀真枪地干。如果有一天你们上了真正的战场，敢和敌人去拼个你死我活，那才算真正的英雄。"

"爸爸，我懂了。"

孩子们在游戏中受到的伤害来源于他们的无知。如果父母不能对他们加以细心的开导，结果往往是极为可怕的。

我时常告诫卡尔，不要去参与那些孩子们的斗殴，那种伤害比玩游戏中的伤害更加严重。那不只是对身体的伤害，更重要的是会在孩子幼小的心灵中留下不健康的阴影。

第六章
我怎样面对儿子成长中的问题

>>>>>>>>>>>

教育的前提在于以一颗宽大的心来了解、引导。对待犯错误的孩子,教育的目的就是把这些不利的消极因素通过适当的渠道转化,引导出积极的有利的因素。

放纵孩子的任性不是关爱

有一次,卡尔想吃一块点心。我没有给他,因为我们刚刚吃过晚餐,过多的吃喝会影响他的健康。不到两岁的儿子发起脾气来,他躺在地上,大哭大闹。他的母亲看不过去了,连忙答应了他的要求,她拿着儿子渴望的那块点心说:"好啦,卡尔,快起来。"卡尔的哭闹取得了胜利,他得到了那块好吃的点心。

当时,我并没有说什么,但我认识到,卡尔的哭闹是一种对父母权力的挑战,并且在这挑战中取得了胜利。

后来,我和卡尔的母亲谈到了这件事,并把我的想法告诉了她。我认为面对儿子这种哭闹的挑战是不应该去迁就他的。由于儿子还小,这种迁就的恶果不易看出来,但已经种下了不良的因素。如果儿子长到了十四五岁,仍然以这样的方式对他的话,他将会变成一个蛮横无理的人。

由于他知道哭闹能得到他想要的东西,下次他还会哭闹。长大之后,他的能力,他的方式就不仅仅是哭闹了。那种无礼将不只是针对他的母亲,还会针对其他的一切人。他会以无礼的方式要求其他的人也来满足他的要求。

我可以找出许多例子来证明,父母与孩子早期的关系会影响孩子将来与人之间的关系。

有一个女孩，出生在一个非常富足的家庭。她长得非常漂亮，也非常聪明伶俐，是我们这一带很有"名气"的小姑娘。由于她天生可爱，又是一户有钱人家的女儿，所以很多人都非常喜欢她。

她的父母更是把她当作掌上明珠。

去她家拜访的人，总会给她带去最好的玩具。据说，那些做工精美且很昂贵的洋娃娃就有上百个。

小女孩可以说是每天生活在玩具的世界之中。

我曾经告诉过她的父亲，不要让女儿把太多时间花费在玩具上，应该尽早地对她实施教育。可她父亲不以为然，他说让孩子学习现在可能太早了，等她长大些后再说吧，不仅如此，他还嘲笑我说："威特牧师，听说你正在培养天才儿童，什么时候带来让我瞧瞧吧……你可别把你的宝贝儿子变成个书呆子了啊。"

对于这样的父亲，我还有什么话说呢？

后来，我听人们说起那个小女孩：由于她的玩具太多，就一点儿也不爱惜它们。她时常把那些可爱的洋娃娃扔在路边的小沟里，有时还用小刀之类的东西把洋娃娃割得乱七八糟。每当她发脾气的时候就把玩具摔在地上用脚使劲地踩踏。

当家里的人教训她时，她甚至会威胁父母说："我会用刀杀死你们的。"

有一次，因为佣人做的饭菜不合她的口味，便记恨在心，吃饭时她什么也没有说，只是在饭后将一把小刀悄悄地藏了起来。

第二天，当那位善良的女佣正在厨房做饭时，小女孩乘她不防备将那把小刀插进了她正在洗菜的手中。

女佣大叫起来，鲜血从她的手背上流了下来。小女孩并没有因此而有所顾忌，还大声嚷嚷："你做的菜太难吃了，是不是你的手太笨了？"

当我听说了这件事后，感到非常的痛心。那是一个多么可爱的小女孩啊！怎么会变得这么无理和残忍！这种事情的发生，只能怪她不负责任的父母。他们不知道孩子的这种性格会对她的将来有多坏的影响。我不知道她的父母对这件事的发生有什么想法，但真希望他们能好好反思，从而去学会合理地教育孩子。

一味地纵容孩子并不是关爱孩子。如果希望把良好品德传授给孩子，做父母的必须以身作则，必须自己就先具备良好的品德。

在以后的日子里，在我的家庭里，再也没有发生这样的事，即便卡尔再怎样哭闹，他也不会得到他不应该得到的东西，不管是食物还是玩具。因为我要让他知道，哭闹是没有用的。

有一天，一位邻居告诉我有关他儿子的事，他觉得他的儿子糟糕透了。由于卡尔学识和品德都是很优秀的，众所周知，所以这位邻居想向我请教怎样教育孩子。

他垂头丧气地告诉我："我和妻子在儿子幼儿期和童年期忽视了对他性格的管教，那时他把整个家庭搅得一团糟。妻子认为他还小，相信以后长大后会变好的。可是事实却不是这样，他变得越来越坏，脾气暴躁，自私贪婪，自以为是。他做错了事，我们简直不敢管他，他甚至比我还厉害。他现在12岁，已经变成了我们一点儿也控制不住的野马。他真令人讨厌，时常向我们发脾气，蔑视家庭和父母，似乎家中的一切都不如意。"面对这样的情况，我能说些什么呢？放纵孩子的任性只能带来恶劣的结果，绝对不是对孩子的关爱。父母固然应该尊重孩子，但绝不能养成孩子放任的性格。

父母在教育孩子前，首先要搞清楚什么是对的、什么是错的，其次，应该知道采取什么样的方式去对待孩子的过失。

我是这样对待儿子的：如果卡尔在房间里行为笨拙，撞翻了桌子，打翻了杯子，或者不小心弄坏了我的东西。这些事情并不是他无理取闹，不属于他应该负责的范围。他并没有恶意，并没有向我挑战，只是不小心罢了。这种情况，我不会去责怪和惩罚儿子，只是随时提醒他以后要小心，不要那么鲁莽。

如果卡尔为了引起我的注意或因为某件事不顺他的意而向我挑战的话，我一定会采取一些方式制止和惩罚他。

幸好这样的情况在卡尔身上极为少见。因为在卡尔很小的时候，我就以身作则先尊重他，从来没有无故地对他施加暴力，他尊重我也是极自然的事。

有的孩子很任性，动不动就又哭又闹，使性子，把父母搞得一筹莫展。很多时候，父母只好迁就，我认为这种做法是极端错误的，因为这样孩子就会得寸进尺，越来越任性。

众所周知，父母是最了解孩子的。对于孩子的脾气和性格父母应该最清楚，应该知道孩子在什么情况之下会发生什么样的任性行为。在预料到他要做出任性行为之前，父母应该采取一些预防措施，避免孩子发脾气。

比如，孩子吵着要买玩具，但是父母以为没有必要，就应该对孩子说：我去问一下你的姨妈，看你这样大的孩子适不适合买这种玩具，如果她说合适，我再给买。如果不合适，那么就不买了。事先把不买的可能告诉孩子，孩子会进行自我调节，做好心理准备，这样就可以防止任性的发生。

在卡尔的成长过程中，我非常注意观察他内心世界的变化，目的在于养成他良好的性格。从一开始，我就注重用各种方式培养他的品性，因为一个人的成功与否不光是缘于他的学识和能力，性格往往是决定成败的关键因素。

儿子的成功来自我们对他的诚实评价

如果卡尔对他人说了些鲁莽的话,我并不马上斥责他,而是先立即给对方道歉。我会向对方说:"我儿子是在乡下长大的,所以才说出这样的话来,请您不要介意。"这时儿子就已省悟到自己可能说了不合适的话,过后他一定会询问其中的原因。

等儿子问我时,我会向他说明:"你刚才说的那些话从道理上来讲也没什么不对,而且我也是那样认为的。但在别人面前那样说就不好了。难道你没有发现,当你说了那些话后,彼德先生的脸都臊得发红了?人家只是因为喜欢你,又碍着爸爸的面子,所以才没有作声。但他一定很生气,后来彼德先生之所以一直沉默不语,就是因为你说了那种话。"

我这样对儿子讲明道理,我想我及时地对儿子的行为进行了冷静的观察并做出了诚实的评价,这样的教育方法绝不会伤害儿子的判断力,让他感到迷惑。

为了说明我这种教育方法的好处,我想对此作进一步的论述。

假设在我向儿子提出批评以后,他继续反问:"可是我说的是真的呀。"这时,我会进一步开导他:"是的,你说的是真的。但是彼德很可能想:'我有我的想法,你那么小的孩子知道什么。'再说,即使你说的话是真的,你也没有必要非将它说出来不可。因为那已经是人人皆知的事,你没有发现别的人都是沉默不语吗?如果你认为只有你才知道,那你就太傻了。再打个比方,大人指责孩子的缺点本来是理所当然的,因为孩子在成长过程中,有许多缺点,指出来了并不是什么可耻的事。即使这样,人们对你的缺点不是都装作不知道吗?如果你以为人们都不知道你的缺点,那就大错特错了。事实上,人们已知道你的错误,但都沉默不语,这是为了考虑你的面子,为了不使你丢脸而已。这样你就明白了人们对你的好意了吧。而你在发现别人的缺点以后应该怎么做呢?也应当这样。《圣经》上不是说:'自己不愿做的,也绝不要让邻人去做。'道理就是这样。所以在人面前,指出别人的缺点和过错是很不好的。"

听了这样的开导后,儿子由于年幼肯定还是感到困惑,因为他的心理还不像成年人那样复杂,而且这种处世方法很可能被视为不诚实或过早地世故,但我觉得我这样做很有道理。

假如儿子还是不理解,又提出:"那不就得撒谎吗?"我就继续开导他:"不,不能说谎,说谎就成了说谎的人,伪君子。你没有必要说谎,只要沉默就可以了。如果所有的人都互相挑剔别人的毛病和过错,并在别人面前宣扬,那么世界不就成了光是吵架的世界了吗?那我们也就不能安心地做事和生活了。"

不过,对卡尔,我用不着说这么多,几句话他便能领悟到自己的过错,含着眼泪保证不再重犯。

我相信我的教育是合情合理的,它源自于我对儿子的诚实评价。态度上对卡尔从不专制,也就不会蒙蔽他的理性,更不会伤害儿子的判断力。

杜绝儿子产生恶习

孩子毕竟是孩子，在他们成长过程中不可避免地会产生各种不良习惯。因为他们太小，对事物的判断及对事情的处理上都显得能力有限。作为人之父母应该首先注意这个问题，不能把孩子的"恶习"与成人的恶习相提并论，因为孩子的"恶习"还不具备成人恶习的性质和危害。比如说，当一个孩子说"我恨死你了"的时候，就和成人说"我恨死你了"不是一个概念。父母在面对这些时，应该多从孩子的立场出发，多去考虑一下孩子说话、做事的动机，以免小题大做，弄假成真。

在成长过程中，孩子总会暴露出这样或那样的不良思想或者恶习。他们还都不懂得所说或所做的事意味着什么，而对此父母必须及时发现并给予矫正，以防种种看似微小的毛病最终成长为难以挽救的道德缺陷。

然而可怕的是，有些父母对孩子的小毛病置若罔闻，认为树大自然直。甚至个别父母还会对孩子的毛病加以夸奖，以致孩子逐渐在邪恶的引诱下越滑越远，直至走到犯罪的边缘。

有这样一个古老的故事。

很久以前，有一个小男孩从小就养成了偷东西的不良习惯。有一天,他趁邻居不注意时偷了邻居家的一个鸡蛋,并且把鸡蛋拿回了家。他的母亲并没有责怪他,反而还表扬了他,说他真能干。这样一来,这个小男孩不仅只偷这些小东西,慢慢地变成了见什么就偷什么,每一次偷了东西回家后都会得到母亲的夸奖。后来,这个小男孩长大了,成了一个无恶不作的强盗。上绞架之前,他要求和母亲说句话。当母亲把耳朵凑到他的嘴前时,他却狠狠地咬下了她的耳朵。

母亲大哭起来:"我对你那么好,可是你为什么这样对我?"

强盗说:"如果在我第一次偷东西时你就教训我,我今天也不会落到这个下场。"

尽管说强盗的结局属于咎由自取,但他的母亲确实要承担很大的责任。因为孩子在出现不良思想或行为时,对其所作所为还不能有足够清晰的认识,此时需要由父母将他引向正确的航向。

"失之毫厘,谬以千里",用于儿童恶习的产生发展上可以这样解释,孩子目前看似微小的毛病在将来很可能成为罪恶的开端。

不少父母看着孩子一天天长大,却发现他们在一天天变坏,而且是越大越不听父母的话。这虽然是孩子一天天变得独立的表现,但是如果管教不力,就很容易形成各种各样的不良习惯,甚至"恶习",对此要有十分清晰的认识。

孩子的任何一点恶习都可能成为一座堤坝上的蚁穴,若不及时填塞,就会在未来的某个日子里出现洪水泛滥的情形。

卡尔5岁时,我发现他在没有得到别人允许的情况下拿别人的东西。我之所以没有用"偷"这个词,是因为我认为儿子这样做并非是真正的偷盗,而是因为他年龄太小,不知道这种行为的恶劣。

有一次，我和儿子一同去外面买东西，当我们快要回到家时，我发现儿子的手中拿了一只苹果，这让我感到奇怪，因为今天我们根本就没有买苹果，那么儿子的苹果是从哪里来的呢？我仔细地回忆当天外出购物的情景，我们在路上曾在一家水果店前停留过，我意识到小卡尔在别人不注意时拿了那只苹果。这件事让我大吃一惊，因为我从来没有想到过自己的儿子会做出这样的事。但当时我并没有对他大加指责，而是耐心地向他询问这只苹果是怎么来的。卡尔也没有隐瞒，老老实实地把实情告诉了我。他说："我看见那只苹果很可爱，我想那一定很好吃，所以就把它拿了回来。"

晚饭后，当家里只有我和卡尔两个人的时候，我把他叫到了我的书房，并把儿子抱在膝头。

我问儿子："今天你从水果店里拿那只苹果的时候付钱了吗？"儿子说："没有。"

我说："今天带你出去买东西，我买的每件物品都是付了钱的。你知道为什么要这样吗？"

儿子摇了摇头，不知应该怎样回答。

我说："拿了别人东西后要付钱，这叫作买，如果不付钱，就叫作偷，买东西是正常的事，而偷东西是邪恶的事。"

儿子说："可是水果店里有那么多苹果，拿一个有什么关系呢？以前那位先生还给过我好吃的果子呢！"

我耐心地开导他："水果店里当然有很多水果，可是那些都是用来卖的，是水果商谋生的手段。水果商必须把水果换成钱才可以维持生活，如果都被别人在不付钱的情况下拿走了，他怎么能够继续把店开下去呢？那么他又靠什么生活呢？所以，不付钱就拿别人的东西是极其错误的行为。至于有时那位店主送给你一个果子，是因为他看你是个孩子，对你有好感。这是他给你的礼物，你可以接受。但是，这并不是表示你可以随便拿。再说，别人对你那么好，你就更不应该随便拿别人的东西。"

这时，卡尔明白了我的意思，并且承认了自己的错误，表示以后再也不这样做。

当儿子发脾气的时候

有一位慈祥的母亲对我说,她的儿子脾气暴躁,动不动就发脾气,真不知该怎么管教他。其实,要想让孩子变得有涵养而不粗暴,首先要弄清楚原因。

为什么容易发脾气呢?

我认为,小孩子之所以容易发脾气,是因为孩子的感情比较脆弱,容易被激怒,心中有一种无法遏制的东西,这种东西就是挫折所形成的一种负担。孩子太小,不知该怎么办,只有通过发脾气才可以发泄出来。

孩子发脾气时忘掉了周围的一切,内心被怒火所控制,他感到害怕、痛苦,但是自己控制不了。

孩子发脾气时很可怕,好像着魔似的。父母不仅应该充分注意孩子发脾气的问题,还要弄清楚他发脾气的原因并且采取一些可行的办法防范他们发脾气。

我认为,父母应该尽力去安排好孩子的生活,让孩子少受挫折,或者让孩子所受的挫折在能够容忍的限度之内。不要过分地规定孩子做什么事,也不能太过分地强迫孩子不做什么事。

严格地教育是应该的,但万事都有个限度,不能让孩子去承受他们极限之外的事。因为这样反而将孩子逼上了死角，他就会不知所措、情绪极差，那自然就会乱发脾气了。不仅是孩子，连成年人也会有无法承受的东西。

当孩子情绪不好时，不要过多地招惹他，在他遇到困难时不要用过激的话刺激他，要等他平静下来之后再去慢慢开导。

如果孩子发了脾气，应该采取相应的办法处理，以免造成更坏的结果。

我在教育儿子和研究别的孩子的过程中逐渐积累了一些经验：当孩子为某事就要发火时，应该转移他的注意力，使他暂时忘记不高兴的事，慢慢地安静下来。

父母在这种情况下一定要冷静，不要火上浇油，更不要用简单粗暴的行为加以制止。

孩子静下来之后，父母要加倍体贴，好言安抚他。有的孩子发脾气时不准人抱，抱着他就等于火上浇油，那么父母不要硬去抱他，只需收拾好易碎的东西，保护好孩子不受伤就行了。万事都要等他冷静下来后再说。

当孩子正在气头上时，不要直接与他讲理，因为这时他是什么都听不进去和不讲理的。这时，父母更不该向孩子发脾气。发脾气就像传染病，用发脾气的方法制止发脾气是不明智的，这只能使他的脾气越发越大。

对于孩子的坏脾气，父母不应该去奖励或惩罚，应该让孩子懂得发脾气得不到什么也不会失去什么。

例如，孩子因为不想吃饭而发脾气，脾气发完之后，饭还是要吃的，当然父母要给他讲清楚道理。如果平时吃饭后会得到奖励，那么脾气过后吃饭仍旧要奖励。

如果孩子在大庭广众下发脾气，父母一定不能顺从他。很多父母由于害怕孩子当众发脾气而常常顺着孩子，这种做法是极为有害的。因为孩子虽小，但自有他狡猾的一面，他们常常利用父母的弱点发起进攻。父母一定要想办法不让孩子知道这一点。

要做到这一点也不难，如果孩子当着他人提出什么要求，父母最好给予帮助，合理的要求就满足他。如果硬要等到他发脾气再去帮助他，后果就不好了。

对孩子的要求要有选择地满足，不合理的要求可间接地答复他，如告诉他回家再说，或对他表示等客人走了再说，等等。孩子发脾气主要是因为自己太弱小，面对问题感觉无能为力。

随着孩子一天天长大，他们的能力增加后，日常生活中受到的挫折也就会越来越少。他也会慢慢地变成一个心平气和、通情达理的孩子。

第七章

什么样的教育才不会损害孩子

>>>>>>>>>>>

父母的举动,一言一行都会对孩子产生很大的影响。家庭应该是欢乐和爱的殿堂。在父母对孩子进行严格的管教时,不能因为他们不懂事就不尊重他们。

在家里，我和儿子的地位是平等的

卡尔和我们一起吃饭时，我把他和大人同样对待，和他聊天，讨论饭菜的味道。吃饭时的谈话也是选择他能懂的话题，平等地与他谈话。有的家庭，吃饭时不让孩子说话，父母严肃得吓人，让孩子感觉到吃饭就像是在受刑似的。要么就在饭桌上把孩子的缺点全部翻出来，对他进行各式各样的批评。

这样的话孩子不仅不能得到吃饭的乐趣，还伤害了他的食欲，更加糟糕的是这会让他自己觉得自己一无是处，产生强烈的自卑感。这样的父母，让孩子时刻处在畏畏缩缩、低人一等的状态中，那么他还会有什么自尊心呢？

有些父母，为了使孩子容易管教，故意让孩子怕自己，根本不把孩子当成一个人来平等对待，而且自己像一个君主，孩子像一个奴仆。这样只会让孩子变成一个懦夫。这样的父母，是正在把孩子变成一个失败者。一个懦弱者想在这个社会里获得成功是非常困难的。在我的家庭中，儿子不仅是我的朋友，也是他母亲的好朋友，并且和家里的女佣也是好朋友：我们互相尊重，平等相待。

孩子的很多问题是不合逻辑的。但仔细想一想，大人的知识其实也不外乎是些可笑的东西，所以不论孩子提出什么问题，绝不应嘲笑。不但不应嘲笑，而且应该亲切地予以回答。如果父母嘲笑他，他就会因害羞而不再提出问题。提问是孩子获取知识的向导，应充分利用它向孩子传授知识。若遇到自己不懂的问题，可以问问别人，也可以经过研究之后再给他耐心地解答。

孩子既不能受清规戒律的束缚，也不应受到权威的压抑。受到权威的压抑，孩子的辨别能力就会萎缩。如果没有辨别能力，也就谈不上有独特见解和首创精神。

不仅如此，它还会形成孩子病态地接受暗示的心理。久而久之，在权威压抑环境中成长的孩子，他们精神上就会产生种种缺陷。所以说，为了培养孩子的辨别能力，不论在教育中还是在行为指导上，都不许用不准反驳的权威去压抑他们。

要知道，父母是人而不是神。父母们常犯的错误，就是当孩子问出一个他们答不上来的问题时，为了保住面子，随便给出一个错误的答案，甚至以大声呵斥孩子来掩饰自己的尴尬。而这会给孩子的智力发展埋下难以预料的严重隐患。

父母不应该戏弄孩子，因为孩子受到戏弄，就容易变成不知羞耻的人，变得粗暴，或是用心不良，甚至不把人当人看待。由于小时候受到父母的戏弄，以后成为罪犯而入狱者大有人在。我不仅从不戏弄儿子，而且连随便应付他的情况都没有。对于儿子的一切，我都是认真对待的。

对于卡尔，我从来不欺骗他。不仅如此，我从来不欺骗任何一个人，因为欺骗是一种罪行，是上帝所不允许的行为。

如果欺骗了孩子，被他知道了，他就不再相信父母了。父母失掉了孩子的信任，其后果是不堪设想的。欺骗孩子，孩子也学会欺骗他人。

有一次，一位父亲自豪地对我说："我的儿子将来一定会成为一个大政治家。"当问他为什么时，他说："前天，我儿子把他母亲放在碗橱里的菜吃了，把剩下的抹到猫的嘴巴上。"

这样的父亲，我认为是不可救药的。他儿子的欺骗行为肯定都是从他那里学来的。

很多父母把孩子视为玩物。认为孩子这也不能做，那也不能干，一切都包办代替，结果使多数孩子对自己的能力缺乏信心。卡尔的母亲从婴儿时期起，就耐心地教他给妈妈扣衣服上的纽扣，我认为这是非常有益于儿子锻炼自己的方法。

让儿子从小给母亲扣衣服扣，除了练习手的动作外，还培养了他帮助他人的观念。为此，卡尔母亲还教儿子自己穿鞋、穿衣服。即使很忙，她也要花点时间教儿子自己穿脱衣服，因为这是对孩子的教育。

当今，耐心地慢慢地听幼小孩子的话的大人渐渐地减少了。常常看到有的人当小孩子靠近时不得不应酬一下，并说出"不善于与孩子打交道……"之类的话，说完就急忙躲开了。另外作为孩子的父母，不是面对孩子主动说话，而是只顾看着报纸或做着家务随声附和地聊上几句。

即使还没有发展到如此地步，但是很少看到父母面对面地耐心地听孩子说话的情景。这到底是怎么一回事呢？

现在，有的父母叹息说："孩子有什么话也不给我说，我说什么孩子也不入耳。"另一方面，孩子也抱怨说："父母什么事也不给我们讲明白，父母光说自己想说的话，可我想说的话，父母都不听。"这种令人痛心的事态还在蔓延之中。这种事态并不是突如其来的，而是从幼儿时期开始的。

不是光听孩子的话，而是一块儿"交心"，孩子和大人共创一个共享快乐的世界。

如果大人只是以"听你的""陪伴你"的姿态出现，那么就会使孩子感到有一堵"墙"似的，并且不能越过它，从而形成了得不到父母理解的心理状态。

与孩子打交道感到痛苦是因为还没有与孩子交心的缘故。如果遇到孩子能交心，那么就会自然而然地说起话来，形成一个快乐的世界。在这个世界里，大人和孩子就处在没有"墙壁""互相理解"的安全感之中。如果孩子从幼小时期就有这种体验的话，那就绝不会出现所谓家长与孩子断绝关系的现象了。

只要把耐心听孩子的话作为日常生活的一部分，孩子的世界就能渐渐地看清楚了，并能从中发现乐趣，孩子也能从大人的智慧中汲取力量。

当我儿子提出问题时，我总是给予鼓励，并耐心地作答，绝不欺骗儿子。在教育上，我觉得再没有比教给幼儿错误的东西更可恶的了，这个错误可能会影响到孩子一生，因为最初的印象往往是最深刻的。所以，在对儿子的教育中，我坚持竭力排斥那些不合理的和似是而非的知识。在给儿子解答问题时，我尽量做到我的说明不难懂，而是充分考虑到孩子在现有的知识与思维能力下，是否能完全加以接受。因为父母如果随便给一个过于深奥的答案，孩子不能理解，结果仍然解不开心中的疑团，他们会一直不停地追问下去，很多父母就是这样被问烦的。

我从不认为由于我比儿子懂得多,就有资格在他面前充当权威。当儿子问到我自己也不懂的问题时,我会向他承认。

比如,有一次儿子问到我天文学方面的问题,我就干脆老实地回答说:"这个爸爸也不懂。"于是我们两个人就一起翻书,或者去图书馆查阅资料,一起把那个问题弄懂。并且我还向儿子表示感谢:"如果不是你今天提问,爸爸至今也没弄懂这个问题呢。所以你以后要多多提问,我们一起来学习知识。"在这样的鼓励下,儿子的问题果然源源不绝。

等到儿子再大一点儿,懂得的知识更多一点儿,他再提出问题时,我不再立刻给出答案,而是让他先思考一下,尽力自己去找出答案来。如果儿子给出的答案和我的不同,我也并不一口否定,而是帮他分析,找出错误。有时候我会说:"其实你的答案也有道理,也许是爸爸错了,我们去看看书上怎么说的。"

在整个教育过程中,我都坚持将自己放在与儿子平等的地位上,从而也给儿子灌输了不迷信权威、追求真理的精神。

一个7岁的儿童,参加完小伙伴们举办的生日晚会,回到家中之后,当父母问起都有谁参加了这个生日晚会,他们都做了些什么游戏之类的问题时,他都会满心喜悦地把实情告诉父母。可是,等他长到14岁的时候,碰到同样的情况,他对父母提出的此类问题的回答可能就不那么爽快,有时会闪烁其词,有时甚至会撒谎。

造成家长与孩子之间关系比较紧张的一个因素,就是孩子日益要求独立的倾向。孩子们渴望一片属于自己的空间,而家长却千方百计地给孩子提供保护和指导,两者之间在一定时期不可避免地要发生冲突。令人遗憾的是,有不少身为父母者,却并没有了解到这一点，也很少去考虑他们真正应该了解孩子生活中的哪些方面。作为家长，应在自己的脑海中逐渐形成一个一览表，它可以包括：孩子在自己活动的时间内，喜欢到什么地方玩；孩子的家庭作业是否如期完成；孩子在学校的表现如何；等等。随着孩子的日渐成长，家长可对这个一览表做些修改，以帮助培养孩子的独立能力。

一旦父母确定他们需要了解孩子什么，他们就可以向孩子说明，但孩子在某些方面可以有自己的隐私。有些家长甚至认为，孩子居住的房间，就是其中之一。家长可以告诉孩子，像所收到的信件，就属于个人隐私。问题的关键在于，父母应当首先弄清楚，在孩子各个年龄段时，他们分别应了解些什么，然后再给孩子谈这件事情。

我认为，父母必须教育孩子尊重自己的隐私，同时父母也必须尊重孩子的隐私。我曾经这么写道："父母和孩子之间最大的矛盾在于，孩子越来越渴望独立，办事越来越遮遮掩掩，而在这时，父母却越来越想保护、控制和指导他们。"

我们父子相处得十分融洽，就是偶尔有些冲突，也很快就能化解，我在这方面之所以取得了良好的效果，秘诀之一便是始终和孩子处在平等的地位上，相信孩子。

一位家长最为重要的任务，也许就是发展一种建立在信任基础上的平等的父子（女）或母子（女）关系。如果父母时常表示出对孩子的平等的交流，那么孩子就会深感骄傲与自豪。在法庭上，一名被告在被证明有罪之前，都是无辜的；但在家庭，一位未成年的"被告"却时常被假定有过错。

家长甚至在当面戳穿孩子的谎言后，也不应该因此而不再信任自己的孩子。家长不妨告诉自己的孩子,说一次谎是可以被原谅的。然而,与此同时,还应当明白无误地向孩子指出,如果以后继续说谎,那么他就会像故事中所讲的那位喊"狼来了"的男孩一样,失去了人们的信任,到头来让自己吃大亏。

我的一位朋友这样告诉我:当我们的孩子汤姆瞒着我们举办了那次聚会之后,我们告诉他说,因为我们无法再信任他了,所以决定不再允许他独自留在家中过夜。

失去这种自由,对汤姆来说,无疑是个深刻的教训:他真切地体会到,当别人不再相信他时,与他们生活在一起是多么难受。到如今,时光已过去三载,汤姆彻底改变了说谎的不良习惯,我们又允许他独自留在家中过夜了。

认真对待儿子自己的想法

我在对卡尔的教育上,一直特别仔细地观察他所做的事,尽量去理解他自己的想法。即使需要就某件事批评他的时候,也会在弄清真相后再作评价。

比如,在某些时候,我突然发现儿子对学习的兴趣大为下降。由于卡尔一直是个喜爱学习的孩子,出现这样的情况特别容易引起我的注意。这时,我的头脑中反映的不是"这个孩子不勤奋学习",而是"卡尔怎么啦,他遇到了什么问题或不愉快的事吗?"

这时,我并不是马上去训斥他,而是等到一个合适的时机耐心地和他交谈。有一次我发现他捧着书本保持一个姿势很久,表面上看起来他在学习,实际上他很久都没有翻动一页,只是坐在那里出神。等他到了休息的时间,我对他说:"无论做什么事都要专心致志,只有集中精力才会有很好的效果。如果不把心思放在一处,即使花费很多时间也没有用。不集中全力去学习等于浪费生命。"

卡尔看着我小声地说:"爸爸,您也注意到我学习的时候走神了吗?"

"是的,我认为你是个很好的孩子,自从我教你认字以来你一直对学习保持着浓厚的兴趣,可今天为什么走神了呢?儿子,告诉我,是你忽然对学习不感兴趣了吗?"

"不,爸爸……"卡尔想了很久后对我说,"我仍然觉得学习很有趣,当我慢慢地掌握了那些知识后我真感到幸福。"

"可是为什么你今天在学习时走神了呢?"我不解地问道。

"只是……只是……"

"只是什么呢?没关系,告诉爸爸,好吗?"我想,卡尔的内心中一定有什么自己不能解开的疑问。

"只是我今天突然想到,我学到那么多的东西到底有什么用呢?"卡尔说出了他的心里话,"我在想,学习木匠活可以做家具和建造房屋,学铁匠活可以制造炊具和农具,但我学了那么多的语言和诗歌,能做什么呢?仅仅是为了好玩吗?"

他这样回答,在我的心里面产生了一种喜悦的感觉,因为我知道卡尔已经开始思考更深的问题了。

这是一个对他进行深一层教育的好时机。

"你想到了这个问题我很高兴,因为你是在思考。"我首先肯定了他的这一行为,然后尽我的力量去帮助他解开心中的疑惑。

"首先,知识是一切力量的源泉。如果你没有起码的对力学的理解,你怎么会知道一座房屋需要多大的木材去支撑它呢?如果没有数学,你怎么计算需要多少材料?你怎么知道哪一种设计最合理?如果你没有审美知识,怎么能建造出漂亮的房屋呢?如果没有知识作为基础,这样的木匠可能永远也建造不起房屋,他只能天天面对木头发呆,恐怕他自己也会变成一块木头呢!"我尽量将这些道理说得活泼有趣。

卡尔听到这里"哧哧"地笑出声来。

"如果铁匠不懂得把铁块放在火里烧红后才可以使它变形,他怎么能做出那些炊具呢?这里面就有物理知识,如果一个铁匠连这个都不懂,他可能会被那些大铁块逼疯的,说不定还会用牙去咬它们呢?"我做了一个用牙咬的动作,"你猜猜会有什么结果?"

"他一定会把牙磕掉的……"这时卡尔哈哈大笑起来。

"儿子,好好记住,诗歌、文学、绘画、音乐、哲学,这都是人类智慧的产物,是世界上最美好的东西。还有语言文字,这是只有人才具有的。为什么我教你各种不同的语言呢?并不是一定要把你培养成外交家或是翻译家,而是要让你能够更好地理解不同国家、不同地域的文化。

"你说你喜欢但丁,如果你不懂意大利语,你怎么能够真正地去理解但丁呢?那些美妙的诗句,你只有用他本国的语言才能够完全地体会。还有更重要的,儿子,就像你自己说的,你在学习中体会到了快乐,感到了幸福,难道这还不够吗?一个人有了快乐和幸福,他还有什么不满足的吗?"

儿子听到这里,眼睛中散发出喜悦的光芒,他心中的疑团完全解开了。我认为,儿子之所以能够学有所成,关键在于他的求知欲和拥有在学习中体会到的幸福感。

作为父亲,面对孩子的疑惑应该耐心地帮助他解答。如果对孩子的行为和想法,不去思考而是片面地理解,那么不但不能对儿子有所帮助,反而会产生负面影响。

现在我来做一个假设,如果当卡尔学习走神的时候,我不去关心和帮助他,而是采取责骂的方法,那么情况就完全不同了:

卡尔捧着书坐在那里出神。

我发现他并没有翻动一页书，而只是装装样子。

"卡尔，你这小混蛋，你在做什么？"我冲上去给了卡尔一记耳光。"我在看书……"卡尔被我的粗暴吓呆了，吞吞吐吐地撒了个谎，虽然他本不想这样。

"胡说，你还想骗我。"我冲着他大吼起来，"你不知道学习时走神是不对的吗？"

"……"卡尔无法回答。

"没听见我的问话吗？……为什么不说话？"

"我……我在想……"卡尔本想对我说他的想法，但这时已经说不出话来。

"你想什么？快说，让你学习你却东想西想，太不像话了。"

"我在想学这些东西有什么用，"卡尔鼓足勇气表达出他的想法，"铁匠能够制作农具，木匠能够修房子，学这些语言和文字有什么用呢？""你这个没出息的东西，"我又给他一记耳光，"简直不求上进，甘愿去做那些靠体力吃饭的粗人，我简直白教你了……"

"可是，我不懂……"

"不懂什么？我叫你学你就学，有什么懂不懂的。"

这样对待儿子的父亲是应该被打下地狱的，幸好我不是这样。

这种做法既失去了一个教导孩子的良机，也伤害了孩子的自尊心，糟糕的是会给儿子内心留下极恶劣的印象，他会认为，父亲根本不会考虑到他的疑问和想法。学习是一件可怕的事，学习的目的就是为了讨好父亲。

这样的教育，怎么能够培养出很好的人才呢？连孩子本身的求知欲都在顷刻间抹杀掉，还能谈得上其他的吗？

做父母的应该尽力去理解孩子，弄清孩子的各种想法，即便是对孩子的批评，最重要的也是要让孩子心服口服。这句话说起来很简单，做起来却不是想象的那么容易。

首先，你要用孩子能够理解的道理和事例去教育他，如果父母在某一件事上自己都还不完全理解它，那怎么去说服孩子呢？给孩子讲道理的时候，要给他说一些容易理解的道理。不能用某种高深难测的东西强行向他们灌输。书本上的道理应该给他们讲，但不能搬弄出那些晦涩的文字，那种学究式的大道理孩子是很难接受的。

特别应该注意的是：弄清儿子的想法是为了能够更好地了解和教育儿子，绝不是要把孩子当作自己的出气筒。永远记住：父母的一举一动、一言一行都会对孩子产生很大的影响。

在孩子的成长过程中，爱与温情很重要，如果父母过分专注于自己的事业而不注重与孩子沟通，孩子便会产生孤独感。父母在与孩子沟通的过程中，要注意孩子没有明说出来的思想感情，要学会聆听和促使孩子说话。

有时，出于自尊心或是别的一些原因，孩子并不愿意或认为没有必要用语言说出他们的思想感情，但他们又很想让父母明白他们的意图，这时，他们就会改用另一种表达方式对父母进行暗示。

细心的父母一定可以发现孩子的这种微妙的变化，弄清孩子没有明说的思想感情，所需要的技巧是了解孩子隐藏在内心的思想感情的微小的线索，如同在阅读时注意字里行间的含意所需要的技巧一样。

对孩子正处在苦恼时所表现出来的"坏的震动"要敏感。很多孩子在想要父母知道他们需要什么的时候，只是悄悄地说。如果父母不注意听这不显著的信号,这种悄悄话将会听不见。

如果父母的注意不灵敏,就应该试着努力去注意孩子反常的、细微的行为信号。比如,注意孩子衣服不正常的样子、声调、面部表情、动作、姿势等。

孩子讲话时,除了注意他的无言的行为之外,还要倾听他所讲的字里行间的意思,想一想孩子希望告诉我们什么,也可以提出一些问题,来识别或弄清孩子的动机或基本情绪。凭借着父母特有的细致与耐心,做到这些都是不困难的。

父母还应特别注意孩子习惯行为的消失,这将是了解孩子内部情感的有价值的线索。明显的表现是孩子不吃、不睡、不玩,或精神不如平时集中,发现了这些线索之后,就应该试着去推测,或者去直接感觉孩子的情绪状态反映了些什么。

父母在聆听孩子没有说出来的思想感情时,既要注意孩子一方的线索,也要加强自身对孩子的内部情感的直觉,而这种直觉的建立,是用爱与温情体现的,是在充分了解孩子的基础之上形成的,最重要的途径,便是聆听孩子的说话和促成孩子的表达。

绝不错误地批评孩子

卡尔3岁的时候,有一次玩积木时,有几个怎么都接不起来,他在那里很笨拙地试着,但是怎么也弄不好。儿子的母亲想主动帮他一下,但是我阻止了她,我说:"让他自己去犯'错误'吧,他琢磨琢磨就会了。这样的话,以后他遇到同样的问题就很容易解决了。"儿子试了很久,最后终于搭出了自己想要的样子。我想,我的做法是对的,我没有以孩子的错误来逗弄孩子或者说孩子笨,而是给他一个自己去尝试和体验的机会。

孩子犯的错误大致可分为两类,一类是父母和老师必须加以及时纠正的,比如一些坏的缺点和习惯:欺负弱小、不讲礼貌、小偷小摸,等等。但是纠正的方式和方法必须要适当,最好是既能给予惩罚,又能让孩子提高认识、避免再犯,让他们自己真正认识到错误并改正才是最重要的。另一类是孩子的一些无关紧要的小错误,这实际上是他们不断尝试、经历错误、得到改善的一个过程,是成长中不可缺少的。

如果在这样的尝试过程中对他们戏弄、打击,就会使他们在心理上产生恐惧,害怕去尝试。比如孩子如果唱歌的时候发音错了,家长就戏弄他,以后就很难让他开口唱歌了。要给他们尝试的勇气，因为想试试瓷碗会不会摔破，孩子专门把碗往地上扔，在这种情况下家长不能说是孩子犯错。你最好让孩子自己把碎片清理干净，他就可以记住这是易碎的，也会联想到玻璃等易碎的东西，就会自动学会小心爱护这些物品，避免自己受伤。

家长在面对孩子的错误时，应该给他们一个犯错——认识——改正的机会，以宽大和包容来对待孩子的错误。当然，对于严重的错误一定要让孩子认识到错误的严重性并加以改正。重要的是，在纠正和惩罚这些错误的时候，不能羞辱、嘲弄、打骂孩子，这也是为人父母需要提高的素质。

卡尔有位6岁的小伙伴约瑟夫，调皮可爱，出了名的好动，幼儿园的老师几乎每天都要向他妈妈告状，公然被称为问题儿童，妈妈为此伤透了脑筋。

这天妈妈去接他的时候，教约瑟夫跳舞的史密斯小姐告诉她约瑟夫今天又闯了祸。妈妈听了后当场就狠狠地训了约瑟夫，约瑟夫一句话都不说，瞪着老师挑战性地笑了笑，把史密斯老师气得够呛，没办法，妈妈只好急匆匆地带他回家了。

回到家，妈妈本想接着训他，见他好像突然乖了不少，自己从书包里拿出彩笔和本子来，安安静静地坐在那儿画画。妈妈也就没在意，忙着做晚饭去了。不到一会儿，正在炒菜的妈妈听到"哐当"一声，她急急忙忙地跑了出来，看到打碎了的大花瓶和满地跑的球。"又搞什么鬼，整天闹事，你什么时候能给我安静点？"约瑟夫哭了，妈妈反倒奇怪了，这孩子打死都不哭，我这一骂怎么突然就管用了呢？"球又不是我的，花瓶更不是我打破的。"原来球是从窗外飞进来的，妈妈错怪了约瑟夫，怎么办呢？妈妈觉得很不好意思,愣在那儿下不来台。"妈妈,你为什么总是批评我呢?我安静的时候你为什么不表扬我?"约瑟夫的话使妈妈更惊讶了:"是啊,我几时表扬过儿子?"妈妈内疚地安慰约瑟夫,并向约瑟夫道歉。

不能因为孩子小就忽视了孩子的感受,有时候孩子远比大人要敏感,家长的一言一行都深深影响着孩子,许许多多你不在意的事,对孩子而言却是大事。

人非圣贤,孰能无过。在检查孩子对禁律和要求的执行情况时,父母们往往会因为误解对孩子进行错误的批评指责,或者因为无法遏止的失望和愤怒而采取不恰当的惩罚方式。

如果父母不及时纠正,并向孩子道歉,就会给孩子的心灵留下难以愈合的创伤,并使他怀疑父母所有其他要求和禁律的合理性,甚至怀疑父母对他的爱。

粗暴的教育只会损害孩子的自尊心

有一天,我在傍晚穿过贫民窟时,到处听见母亲斥责孩子、父亲打孩子以及孩子大哭的声音,简直是一句好话都听不见。

我想,这是由于他们工作了一天、疲劳过度、心情不佳,把怨气都撒到孩子身上的表现,孩子实在可怜。然而,还有另一种父母,他们饱食终日,无所事事,还不时地斥责孩子,把由于无聊而产生的气恼都倾倒在孩子身上。

我对此感到非常痛心。

常受斥责、打骂,孩子对于这种责打就会习以为常,父母也就失掉了威信,使父母和孩子之间产生隔阂。其结果,对孩子的教育就彻底失败了。

我认为,对于孩子既不可娇生惯养,也不应过多地斥责。只有采用合理、有效的教育方法去引导孩子,才能培养出孩子的善行以及以后做人的能力。

我们的周围有很多的父母见到孩子在某种场合的不良表现后,要么当面训斥,有的还拳脚相加,还怪罪自己孩子的不礼貌,但就是不检查一下自己的教育方法。

为了阐明我的教育方法,我不得不举一些例子。我想无论再多的理论也没有事实更有说服力吧。

安多纳德太太的儿子卡尔,这个和我儿子同名的小男孩,年龄比小卡尔大两岁,也是一个非常机灵的小家伙。但我发现他有很多不好的习惯,比如经常欺负比自己小的孩子,并且喜欢揭别人的短处,或者搞一些恶作剧,等等。

有一天我在路上偶然和安多纳德一家相遇,我友好地和他们寒暄着,并特意摸了摸大卡尔的头以示友好。

"威特牧师,我觉得你就像一具尸体,你看你的脸多苍白啊!"大卡尔这个小机灵毫不客气地批评起我来。

其实他说的是真话,至少某一方面是这样。可不是吗?因为我不小心受了凉,病了几天。我的脸苍白是很正常的事。如果是小卡尔,他绝不会这样对我说话,他知道这样说是不礼貌的。何况,那个大卡尔所用的词汇是那样的叫人无法接受。

这种情况,我当然不会为一个小孩子生气,但当时却已经让我不知怎么说话了。

安多纳德太太气极了,她采取了我从来都不会采用的方式。

"太不像话了,你怎么这样对威特先生说话?"她狠狠地给了她儿子一记耳光。

我连忙上前劝阻。可是大卡尔并没有因此而闭上他的嘴巴:

"我说的是实话,你看看他的脸……我没有瞎说……"

"你干吗打我?你干吗打我……"大卡尔冲着母亲喊叫起来。

安多纳德太太害怕极了,她只能一边拖着自己的儿子,一边逃跑似的离开。看着他们远去,我叹了一口气。大卡尔回去肯定又会挨顿毒打了。

我很明白，虽然大卡尔爱揭人短处的毛病早就有了，但这一次他可能不完全是故意的。他只是找不到一种合适的方式表达他的看法。如果他对我说："威特先生，您的脸色怎么不像往常那样红润却有些苍白呢？您生病了吗？"

这样，他表达了同样的意思，却传达出不同的意义。前者是恶毒的讽刺，而后者却是一种对别人的关心了。

至于安多纳德太太，她的做法更加不正确。她应该用一种大家都能接受的方式来解决这个矛盾，而不仅仅是惩罚孩子。从这一点看来，她对孩子平时的教育是多么的不够，方法是多么的不妥。

由此可见，让孩子具备丰富的语言知识，让他们更加明辨事理是多么的重要。我真希望安多纳德太太能够明白这个道理，不然，那个和我儿子同名的孩子将不会有一个美好的人生。

其实，孩子做坏事，罪过在大人身上，而不在孩子。孩子做坏事是由于父母不把孩子的精力引向好的方面，是放任不管的结果。要想把孩子的精力引向好的方面，必须尽早开始让孩子对工作、对劳动感兴趣，并且培养他多方面的能力和爱好。只有这样，才能逐渐培养孩子健康的内心世界。

很多母亲以为用打孩子的方法就可以教育好孩子，这是一种极为错误的观念。所罗门的箴言中有这么一句话："不鞭打孩子，就会惯坏孩子。"我认为这是不正确的观点，它不仅误导了很多年轻的父母，也伤害了孩子。

在我们周围的很多家庭中，有些孩子被父亲打坏了耳膜，他们的脸上经常有父亲留下的手印。这真是令人痛心，可悲可叹啊！上帝叫我们爱别人，可是在这种粗暴的教育下成长的孩子将来怎么能够去爱呢？我多次说过，自尊心是一个人品德的基础。若失去了自尊心，一个人的品德就会瓦解。人之所以变成醉汉、赌徒、乞丐和盗贼，都是由于失去了自尊心的结果。父母经常责打孩子，只会伤害他们的自尊心，除此之外没有任何好处。父母经常絮絮叨叨地数落孩子的过失，只能有损孩子的自尊心。这都是不正确的做法。

我曾经听说过这样一件事：

有个孩子非常喜欢家里喂的一只羊，他时常独自一个人牵着羊去山坡上玩耍，每当他看到心爱的羊吃着山上的嫩草时就感到愉悦。在孩子幼小的心灵中，那只羊是他最好的朋友，他把自己听来的故事和幻想都讲给羊听。他觉得和羊一起在山坡上晒太阳是最幸福的事。

可是有一天，孩子躺在山坡的阳光下睡着了，他做的梦都是和羊待在一起的情景。当他醒来时发现羊不见了。这只羊从来都不会走远，但那天确实是不见了。孩子焦急地走遍了整个山坡，仍然没有找到。他哭了，因为他害怕永远也见不到他最心爱的伙伴了。

天快黑了，他赶紧跑回家。他想把这件事告诉父亲，请他来帮助找回羊。没有想到，他得到的只是一顿暴打。当父亲听说羊不见之后，举起了棍子就打。无情的棍子打得孩子鼻青脸肿，额头被打破出血。

"我只有这只羊，不把它找到就永远别回来……"说完，父亲就把他推出了门外。

孩子难过极了。

他独自在黑暗的山坡上奔跑。他越跑越想不通，父亲为什么会打他呢？他又不是有意弄丢了羊。"羊不见了，我也很难过啊。""为了羊,父亲叫我永远不要回去,难道我还不如一只羊吗?"

不久,孩子看见远处有个小白点。当他走近时,他看见了那只羊。它正在悠闲地吃着草呢。

这时,受到粗暴对待的孩子一反常态,他没有像往常那样去抱起这只羊,而是举起了一块大石头。

"就因为你……因为你父亲才会这样对待我……"孩子一边哭,一边将石头向羊身上砸去。

第二天,人们在山坡的一块岩石后发现了那只已死去的羊。而那孩子也永远没有再回家。

我们可以想象,那个孩子心里当时有多么的痛苦,他亲手杀死了自己最心爱的朋友。

父母的粗暴和专制在孩子身上留下的阴影将永远不可磨灭,这种阴影会让一个本来善良的孩子变成凶残的魔鬼。

第八章
让孩子在赏识中前进

>>>>>>>>>>>

最重要的教育方法就是要鼓励孩子去相信自己，使他有积极进取的人生态度和百折不挠的意志力。同时我用各种方法来教育卡尔，防止他骄傲自满。尽管这样做要花很多的工夫，但我想最终一定会获得圆满的成功。

多用赞赏和诱导的方式

对儿子的教育，我把培养他的想象力放在第一位，往往把它看得比知识更重要。不少人教育孩子，总是使劲灌输各种知识，却忽视了他们的想象力。我不主张只把孩子学习知识作为目的，而是主张学习知识只是手段，让孩子通过学习知识去开发他们的各种能力，培养他们的各种能力和素质。

想象力没有一个具体目标，只有在具体活动之中才可以有效进行。孩子越小，这一点显得越重要。

每当儿子在扮演古代骑士，模仿小鸟的飞翔，我知道这是他的一种想象力的表现，在此时我往往夸奖他做得很好，其效果是不言而喻的。这样孩子年龄越大，想象力就越丰富，越独特。

孩子喜欢听故事，这似乎是一种天性。他们会不厌其烦地让父母讲一个相同的故事，并且经常在父母讲述的过程中查漏补缺，有时甚至添油加醋。这是一个绝好现象，父母应及时进行鼓励，夸孩子有想象力，即使补的不对，加的不合理，也千万不要打击他们的积极性。

儿子有时会虚拟一些并不存在的事情，尽管漏洞百出，前后矛盾，我也没有认为他是在说谎，我力图给他堵补漏洞，化解矛盾。

我知道父母的责任应该是夸奖他们的想象力,并引导着他们继续想下去。

通过对儿子的夸奖和诱导,我发现他的想象力越来越精妙,越来越发达。

卡尔小时候,我时常发现他趴在地上,聚精会神地观察两只蚂蚁搬一颗饭粒,这是因为好奇。在这种时候,我绝对不会去打扰他。他有时还会把观察后的结果告诉我,说那只蚂蚁怎么啦,另一只蚂蚁又怎么啦。这时,我会夸奖他观察得仔细。

夸孩子的好奇心,对孩子创造力的培养十分有益。通过夸奖可以使孩子的好奇心更强。我时常把儿子引向大自然,让他去观察花鸟草虫,去遥望满天星星;闪电雷鸣、阴晴雪雨,他会感兴趣;日升月没,昼夜交替,他会不断提问。

对于孩子的好奇心,父母不能感到厌烦,而应该加以保护,并且善于将其引入恰当的轨道。这种夸奖,能把孩子带进知识的海洋,读书,做手工,搞实验,会给孩子带来无穷无尽的乐趣。

很多孩子的大胆想象常常不被父母所理解,这是因为父母心目中有许多条条框框,并且经常用这些条条框框去封杀孩子的创造力。我认为,孩子的创造力之所以如此大胆丰富,就是由于他们的脑袋里没有什么条条框框,而且根本不想受条条框框的限制。

有一天,我的一位老朋友来我家做客。他看见卡尔正在用蓝颜色画一个大大的圆圆的东西。

他问卡尔:"孩子,你画的是什么啊?"

卡尔回答道:"是一只大苹果。"

朋友说:"可为什么要用蓝色呢?"

卡尔回答："我认为应该用蓝色。"

朋友对我说："我的老朋友，你应该教教孩子。他用蓝颜色画苹果，你应该告诉他那是不对的。"我感到很惊讶，说："这是为什么呢？我为什么一定要告诉他用红色呢？我认为他画得很好，也许孩子今后真的会栽培出蓝色的苹果呢。现在的苹果是什么颜色，他吃苹果的时候自然会明白的。"

孩子的创造力就是在这样的不断的夸赞中培养起来的。如果用要求大人的标准去要求孩子，那么一举手一投足都有许多不合"规矩"的东西。如果对孩子的不合乎"规矩"的行为时时加以"纠正"，那么孩子的创造力就会渐渐消失了。

孩子一生下来就在学习，逐渐形成了自己的长处和短处。扬长避短，优先发展，是每一个父母的神圣责任。

对于不同年龄的孩子，"玩"对他的意义是不同的。"玩"的方法也是变化和发展的。"玩"不仅仅在于"有趣"，而且还在于通过"玩"，孩子可以学习更多的东西，发现许多他认为奥妙的东西。我们知道，"玩"可以充分运动孩子身体的各个部位，可以帮助他的各个感官的发展，可以开发与培养孩子的智力和创造力。

我看着儿子长大，他的一举一动都在我的观察之中。我发现，对于他来说，并非只有游戏才是玩，吃、喝、拉、撒、动，甚至睡觉都是一种玩。

在儿子有兴趣的时候，我总会让他玩个够，玩得开心。

玩是孩子的天性，这一点很多做父母的都知道。但是怎么玩，玩什么，很多人未必有清楚的认识。很多孩子"玩"得很盲目，为玩而玩。由于这种现象，孩子本来可以从玩之中开发智慧和能力，但却被白白地浪费。应该明白,孩子不能为玩而玩,而是要玩出名堂来。

孩子在玩的时候,充满了积极性、主动性。他们的大脑在飞速地运动,思想在不断发出火花,这对培养孩子的各种能力,特别是想象力和创造力,是其他手段难与之匹敌的。我们知道,"玩"有生活的影子,但绝不是对生活的照搬,孩子会根据自己的认识和理解去改造生活。父母不应用条条框框去加以限制,这样孩子的创造力才能够容易得到充分发挥。

孩子对音乐有天生的兴趣,听优美的乐曲可以使大脑得到有效的训练。如果孩子对音乐节奏十分敏感,对音乐十分入迷,那么这个孩子可能有音乐天赋,父母应该提供更多的"音乐奖励",孩子一表现出这方面的兴趣,父母就应该用各种方式进行"奖励"。

孩子的绘画才能是从分辨各种颜色开始的,如果孩子对颜色有很大的兴趣,并且经常在地上、墙上涂画各种东西,那么这个孩子可能有绘画的天赋,父母就应该为他购买画笔、颜色和纸,鼓励孩子画画的兴趣,还应该及时带他去观察大自然的风光,开阔孩子的视野。这些都算是对孩子的夸奖,对于开发孩子的天赋十分有益。

喜欢背诵、说话、讲故事的孩子是具有语言天赋的表现。说话特别早的孩子尤其应该引起父母的重视。孩子的语言天赋除了天生之外,很大程度上是后天训练而成的。经常与婴儿"说话",尽管他可能不会说话,但至少可以激起他对语言的兴趣。

语言能力是人的一种最基本的能力,因此,父母对此要特别加以"夸奖"。孩子小时候说话多,长大了肯定会能言善辩。父母对孩子发音不准,用词不当,绝不能讥笑,应该在他无意中加以引导,给予相应的鼓励。

要明白,孩子说错了话是完全正常的,不说错话才是奇怪的事。只要孩子说话就应该鼓励。

卡尔在9岁时就能熟练地运用并翻译法语、意大利语、拉丁语、英语以及希腊语,在很大程度上归功于我对他年幼时的夸奖。

教儿子学会面对失败和挫折

通往天堂之路是漫长的,第一步都是刻骨铭心的,我认为5岁是其中的第一步。在儿子5岁的时候我就开始培养他各方面的能力了,但我认为更重要的是,从这时起就应该去培养他快乐的性格。

人一生之中会有很多失败,教育儿子学会面对失败,不怕失败,是非常重要的事。很多时候,因为害怕失败而失败了,很多时候,因为不怕失败反而胜了。

害怕失败,孩子的心理压力很大,本来轻而易举的事情也做不好,做不了;害怕失败,孩子心里会产生不做不错、多做多错的想法,丧失尝试的动力,以至于长期处于无能的心理状态。

我在这方面对儿子很宽容,即使他在某一件事上失败了,我也能够允许他再失败一次。任何人都知道,孩子吮乳、说话、走路,谁也说不清楚,到底失败了多少次,可是最终却胜利了,成功了。这不是对做父母的一个最好的启示吗?

害怕失败的心理不予消弭,久而久之,孩子就会形成一种对事物缄默冷淡或者不参与任何活动的习惯,这对他的健康成长极为有害。这种心理会导致孩子变得自闭、忧郁、阴沉,这样的人怎么会有快乐的性格和美好的人生呢?

无论儿子做什么,只要他不违反固有的原则,不做有损于自己和他人的事,我都尽力支持他去闯去干,在行动上鼓励他去尝试。我认为,只要让他有了不怕失败的勇气,再加上正确的引导,一切都会成功。

对于孩子的失败,这里有几点建议:

1. 站在孩子的立场上来对待这次的失败,抓住这一时机,让孩子真正体会到失败并不可怕,使孩子树立起正确的失败观,做到胜不骄、败不馁,这样的教育才能使孩子坚强起来,相信我们都不希望自己的孩子脆弱不堪,经不起任何的打击。

2. 帮助孩子寻找失败的原因,失败总是有原因的,也许是客观上的原因,也许是主观上努力不够,只有找出失败的原因,从中总结经验教训,才能避免下次的失败。要让孩子明白努力的方向,使孩子看到成功的希望。

3. 鼓励他不要因为失败而丧失信心,告诉他努力了终将会有收获。失败时的孩子更需要的是安慰和支持,绝不是指责和嘲讽。家长的期待和信任对失败的孩子来说,是一种强大的精神力量,能帮助孩子迅速恢复信心,走出失败的阴影。

4. 应该给失败后的孩子新的起点,在孩子的努力过程中不失时机地鼓励他的进步,哪怕进步非常的微小,你的表扬和肯定是帮助孩子走出失败沼泽地的最好的精神动力,它们能恢复孩子的自信心,增强孩子面对困难的勇气。

我不赞成父母把孩子本来自己可以做的事全包下来。久而久之,孩子便失去了独立思考的能力。无论何事,都要父母拿主意,这是完全错误的。

对于卡尔，自己能做的事情我总是叫他自己去做。我尽力杜绝他以"我不会"作为借口换取父母的帮助。每当儿子对某件事说不会的时候，我总对他说"我教你"，而不是自己一做了之。

由于儿子在各方面都得到了良好的发展，每当他遇到挫折的时候都会得到我和他母亲的帮助和鼓励，他也从鼓励和夸奖之中逐渐建立起了自信心，直到现在，他的性格一直是健康和快乐的。

我绝不空洞地和不真切地表扬儿子

对于孩子的善行和出色表现给予奖励和表扬是十分必要的，这可以鼓励孩子更加努力，也有益于增强孩子的自信心。但尽管如此，我仍需提醒那些善良的父母，不要过于随便地奖励和表扬。因为这会使奖励和表扬失去它应有的作用。

我反复强调奖励和表扬在树立孩子自信和鼓励孩子上进方面的重要性，但这并不意味着用夸大其词使孩子无法真实地认识自己，正确有效的奖励和表扬应建立在事实的基础之上。也唯其如此才可能使个别用于治疗孩子自卑心理的奖励和表扬发挥效用，否则过于泛滥的奖励和表扬只会为孩子未来的自卑埋下隐患，因为孩子将会发现现实中的自己并不像父母眼中的或者自己想象的那样。

即便卡尔学得非常好，我也只是说到"啊，不错"的程度。当儿子做了善行时，我对他的表达可能会进一步，我会对他说："好，做得好，上帝一定会高兴。"但不会表扬过头。

在儿子成长的过程中，我不仅自己不过多地表扬他，同时也绝不让别人表扬他。

每当别人要表扬卡尔时，我就会把儿子支出屋子不让他听。对那些常常不听忠告仍一味夸赞儿子的人，就谢绝他们到家里来。为此，我甚至被人视为不通人情，是一个老顽固。但是，为了杜绝孩子养成这种不良习惯，我对别人的议论是不会去计较的。

我教育儿子：知识能博得人们的崇敬，善行只能得到上帝的赞誉。世上没有学问的人是很多的，由于他们自己没有知识，所以一见到有知识的人就格外赞赏。然而，人们的赞赏是反复无常的，既容易得到也容易失去，而上帝的赞赏是由于你积累了善行才得到的，来之不易，因而是永恒的。所以不要把人们的赞扬放在心上。

我告诉卡尔，喜欢听人表扬的人必然得忍受别人的中伤。仅仅因为别人的评价而或喜或忧的人是最蠢的。被人中伤而悲观的人固然愚蠢，稍受表扬就忘乎所以的人更是愚蠢的。

有些父母的想法或许与我不同，他们大多喜欢在众人面前炫耀孩子在这方面或那方面的"与众不同"，这样就很容易使孩子感到自满。我很担心，这种做法会把一个未来很有潜质的孩子毁掉。

我认为，没有经过早期教育而靠天赋产生的神童，只不过是一种病态的暂时现象。这样的神童，往往容易夭折。这就是"十岁神童，十五岁才子，过了二十岁是凡人"这一谚语所表达的现象。一些潜质很好的孩子之所以没能如愿地成为栋梁，正是源于孩子的骄傲自满，狂妄自大。

世界上再也没有比骄傲自大更可怕的了。骄傲自大会毁掉英才和天才。

意思是一个自幼就表现出某种天赋的孩子，因为他一出生时就让别人感到他灵气逼人、聪明伶俐，人们都说这个孩子一定是个天才，他的将来一定极为辉煌。

有人说："莱恩一定会成为一个伟人，你看他那种机灵的模样，说不定会成为一个伟大的将军。"也有人断定他会成为一个可以令大家引以为荣的艺术家。

莱恩的父母为此专门给他请了家庭教师，试图在音乐方面给予他最好的培养。他确实非常聪明，老师教的一切他都能很快地学会。四五岁的时候，他不仅掌握了基本的乐理知识，而且会演奏多种乐器。他的钢琴和小提琴演奏极为出色，并且很快就举办了自己个人的音乐会。

莱恩的父母把他当成一个宝贝，生活的全部重心都转到了他的身上。他们逢人就夸奖自己的孩子。甚至当着众人的面，说莱恩的音乐水平已经远远地超过了他的老师和其他同时代的音乐家。他们说莱恩注定会成为像巴赫那样的音乐大师。

莱恩被这些过多的赞誉蒙蔽了，他陶醉在沾沾自喜之中。

有一天，他的音乐老师告诉他在音乐表现上存在着很多的不足。虽然他的技巧确实已经相当不错了，但音乐的本身魅力在于内涵而不单单是技巧。

莱恩被激怒了，他狠狠地对老师说："你以为我只会技巧吗？那些音乐的内涵我早已清清楚楚。"

老师说："但我明明发现你有这些问题呀！"

莱恩说："那不是问题，是我故意那样演奏的，我就是那样理解这首曲子的。"

老师为了让他能够明白一些音乐表现方面的东西，开始给他做示范。碰巧老师在演奏的过程中犯了一个小小的错误，这样就被莱恩抓了个正着。

"喂，您都弹错了。我亲爱的老师，就您这样的水平还能够教我吗？"他的语气中带着极大的嘲笑。

老师气愤极了，虽然他认为莱恩是个有才华的孩子，可还是马上辞去了这份工作。尽管莱恩的父母请他原谅孩子的做法，并尽量地挽留他，但他仍然头也不回地离开了。

自从老师走后，莱恩越来越得意。因为他自认为是天才，胡乱地改动那些大师的作品，并经常说这些作品不过如此。

他拒绝父母再给他请老师，说那些老师都是不中用的人，根本不配来教他这样的一位百年难遇的才子。

结果是可想而知的。事过多年，我听说莱恩已经变成了一个酒鬼，他愤世嫉俗，说人们不理解他这样的天才。

我知道有很多伟大的艺术家在生前或未成名之前很难被人理解。但莱恩绝不是那样的人，因为他一生从未写出过美妙的作品，甚至连平庸的作品都没有。而且过度的饮酒摧毁了他的听力和灵巧的手指，恐怕他已经变得连最基本的音阶都不会演奏了，更不用演奏出美妙的音乐。在对卡尔的教育中，我担心的正是这一点。我下了很大的功夫就是防止他自满。我把莱恩的事讲给他听，让他明白骄傲自满和狂妄自大会带来多么大的危害。

我很庆幸对儿子的教育有如此的成效。我曾经无数次地告诫卡尔：无论怎样聪明、怎样通晓事理、怎样有知识的人，与无所不知、无所不能的上帝相比，只不过是九牛之一毛，沧海之一粟。只有粟粒大的一点知识就骄傲的人，实际上是很可怜的。奉承话大抵八成是假的。说来可笑，正是这八成是假话的奉承话竟是世之常习。因此，谁要不折不扣地相信这种奉承话，那他就是糊涂虫。

第九章
我如何培养儿子好的品德

>>>>>>>>>>>

教育不应当只从智力上着眼,必须力求使受教育者变得更加敏锐、文明,更加宽容、仁慈。

提高儿子对善恶的判断能力

如果一个人心底只有善良,只有同情心,那么这种善良的泛滥就很可能淹没他对是非的辨析能力。而且,由于长期缺乏对丑恶不良现象的憎恶和仇恨,缺乏正义感带来的力量,这个人还可能会逐渐向黑暗面妥协,并变得懦弱可欺,甚至在无力维护善良的情况下最终走向善良的反面。

真正品格教育的核心绝不是让孩子去无休止无辨别地奉献,而是在教孩子做一个品德高尚者的同时学会分析判断世间的是与非。只做好人而不辨是非、不憎恨丑恶和不良现象是绝对不可以的。因为这样的好人很容易因为表现出过强的讨好倾向而成为一个毫无原则并且让人蔑视的好好先生。我们要学会善良,更应学会去维护善良。有一天,儿子突然说了这么一句话:

"我看那个警察也不像我以前想象的那么好。"

"哪个警察?"我奇怪地问道。

"就是我们去镇上时常看到的那个在巡逻的大个子。"

"你为什么这样说呢?他得罪你了吗?"当时我还真的有些不明白他的话,便仔细地问他。

"他当然没有得罪我。因为我是尊敬的威特博士的儿子,他对我很好，每次看见我都非常热情地同我打招呼。可他对待别人就是另外一回事了。"

"怎么？他对别人不好吗？"

"岂止不好，简直就是恶劣。那天我见他对待一个进城来的农妇，好像突然之间变成了另外一个人。不，是变成了一个魔鬼。"

"有这样的事？"

"当然，这是我亲眼所见。"

接着，儿子给我讲述了那天他亲眼所见、并对他产生深刻影响的一件事：

"你好，我们可爱的小博士！"大个子警察一见到小卡尔就亲切地招呼他。

"您好，埃尔先生，您在巡逻吗？"儿子也很有礼貌地向他问好。"是的，我在巡逻。""您真是太辛苦了。这么热的天气，您仍然在大街上工作。"

"哦，这没什么。这是我的工作，也是我的职责。现在有很多不规矩的人，有很多坏分子。我可不想让他们来伤害像你这样守本分的好心人。"大个子警察埃尔先生兴致很高地谈论着。

突然，他的眼睛像猫看见老鼠一样闪出一道锐利的光芒，接着向前面的人群中走去。

卡尔顺着埃尔先生行走的方向望去，看见一个农妇正在向过往的行人不停地说着什么。

"你在干什么？"埃尔先生一走到农妇的面前就冲着农妇大吼。

"哦，警察先生，"可怜的农妇似乎受了惊吓，战战兢兢地说，"我……我迷路了，我正在向那位先生问路，可他也不知道，您能帮助我吗?"

"什么,迷路了?"埃尔先生眯起他那双略显细长的眼睛,带着怀疑的语气说道:"那么你为什么那么紧张呢?我看你不是在问路,而是另有所图。"

"什么?你的意思是……"农妇吃惊地看着他。

"我的意思是你可能有不良的意图。趁我还没有发怒,老实说你到底想干什么?"

"天哪!我有什么不良的意图!不,我只是迷路了。"

"不要装作一副可怜巴巴的样子!你这样的人我见多了。"

"什么?我不明白。"

"你不明白?别装傻了。快说,否则我把你抓起来。"

"我可是守规矩的老实人。"农妇惊慌地辩解道。

这时,我儿子卡尔走上前去,他想去帮助那个农妇,便对埃尔先生说:"哦,埃尔先生,我看这位太太是吓坏了。她只是迷路了,您别这么吓唬她。"

埃尔先生转过身,又换成和蔼的面容,说:"卡尔,你真是一个善良的老实人。但你还太小,不能看清他们这种人的真面目。"

儿子不解地看着他。

埃尔先生继续说:"这阵子有很多家庭被窃,我怀疑就是他们这种人干的。天知道这个女人是不是盯梢的眼线。我看她那副贼眉鼠眼的模样,肯定不是好东西。"

"可是,您没有证据,埃尔先生。"

"把她抓回警察局就有证据了。"说着,大个子警察埃尔先生就去推搡那位可怜的农妇。在拉扯之中,他将那位农妇的包袱打散在地，什物撒落四处。

农妇就这样被抓进了警察局。

没过多久，儿子了解到那个农妇的确仅仅是个迷路的人，她到这里是来找在城里工作的儿子的。

后来，卡尔还听人说起大个子警察埃尔先生，说他经常欺负那些陌生人和弱小商人，还经常向那些商贩收取非法的费用。据说他把这些钱都拿去赌博和喝酒了。

听完儿子讲述的这件事，我陷入久久的深思。社会上的确有不少这样的人，他们平日里衣冠楚楚，但在骨子里却凶恶至极，天生一副坏心肠。

在那一刻，我感到教会孩子用清醒的头脑看待身边的事物是一件非常迫切的事。

很多时候，我们都需要对生活中的事物做出鉴别，并决定自己的行为选择。我们的孩子在成长后也将面临无数和我们一样的问题。所以，若想真正使孩子建立健全的理性，就绝不能仅仅停留在一些一厢情愿的人生准则上，而应对社会现实保持敏锐的观察力，通过对事物的准确判断做出适当的行为选择。这在一个充满欺骗和诱惑的世界里尤为必要。

让儿子懂得同情和关怀

我和妻子同心协力，下工夫培养儿子在常识、想象力和爱好等方面的能力。我不喜欢没有爱好和常识的人。我还努力培养儿子的情操和情感，使他具备高尚的品德和虔诚的爱憎好恶。

我力图让他学会怎样去爱别人，让他懂得什么是同情，什么是人生最美好的东西。具有同情心的孩子都不会霸道蛮横，能从事对社会有益的事情，比如帮助他人，分担他人痛苦，等等。这些孩子更能得到社会和大人的喜爱，在学校和日后的工作中会有更多的好机会，成人后更能与朋友、家庭建立起亲密无间的关系。我时常教育卡尔爱的魔力，告诉他爱是上帝赐给我们最伟大的力量。能接受别人、同情他人，他所得到的回报将是无限的。

同情心是一种把自己放在对方所处境况、设身处地地为对方着想的心理，它使人体验和感受到对方的痛苦并产生安慰或帮助对方的想法和行动。

同情心可以说是一切道德的源泉。它滋生爱、信仰、体贴、善良、谦让等一切高贵的品质和行为。

对父母而言，如果想培养孩子的高尚品格，使其善良、富于爱心，最好的办法莫过于从培养孩子的同情心开始。

卡尔3岁时，有一次家里来了好多人，他们和卡尔海阔天空地谈论着。

这时，我们养的一条小狗跑了进来。卡尔像其他孩子那样，一把拽住小狗的尾巴，把它拉到自己身边。

我看到后，立刻伸手揪住了卡尔的头发，脸色吓人，拽住不放。卡尔吃了一惊，把拽着狗尾巴的手放开了。

在卡尔放手的同时，我也把手放开了。

我问儿子："卡尔，你喜欢被人拽着头发吗？"

卡尔红着脸说："不喜欢。"

"如果是这样，那么对狗也不应当这样。"说完，我就让他到外面去了。

对于儿子这种很不合教育要求的做法，我总会严厉指正。

我之所以这样教育儿子，就是为了让他能够站在他人的立场上来考虑问题，让他出于自己的感受去帮助别人，而不是被某种道德和命令所强迫。

由于我严格的管教和指导，终于使卡尔成了一个心地善良、富于同情心的人。他不仅对同胞怀有深情，就是对鸟兽之类也富于怜悯心，最终成为一个能够得到别人尊敬和喜欢的人。

正因为有了同情心，人们才会懂得别人和自己一样需要爱，需要关心，才会懂得如何才能更体贴地照顾别人的心灵，才会懂得不做欺凌弱小的事情，懂得谦恭礼让。

在孩子年幼的时候，不用讲太多的道德理论给他听，这些枯燥的东西不但不易被孩子所理解消化，而且还很可能阻碍孩子活泼的天性，只要注意呵护孩子的同情心并适当引导它的成长就可以了。

我曾经告诉儿子,我们每个人都应该关心他人。我们每一个人都受到过别人的帮助,我们应该随时准备着把别人的帮助转为对别人的关心。我竭尽我有限的知识,时常给他讲述那些古代圣人的故事,还有《圣经》中那些关于爱的篇章。

在一个令人心旷神怡的黄昏,和往常一样,我牵着儿子的小手,一边散步一边耐心地解答他那些如潮水般涌来的问题。

一个流浪汉从我们身边走过。没想到,这个流浪汉却引起了卡尔的注意。卡尔抬起头问我:"他为什么要流浪呢?他需要什么呢?"我没有立刻回答他,因为对于儿子的问题,我都要给他一段自己思考的时间。这一次,卡尔并没有像往常那样反复追问,而是跑上去追上流浪汉的步伐,向他提问:"先生,您为什么要流浪?您需要什么吗?"

"我需要一个面包。"流浪汉哈哈大笑起来,他或许从来也没有想到过一个只有5岁的孩子能够帮助他什么。

流浪汉摇了摇头,继续向前走去。

"先生,请你等一等。"儿子说着,便向家的方向飞奔而去。

流浪汉停下来给我打招呼:"先生,这是您的孩子吗?"

"是的,是我的儿子。"

"多可爱的孩子啊,他真幸运……"

站在路边,我和流浪汉攀谈起来。他告诉我他家乡的情况,给我讲他的流浪生活以及他对命运的感叹。不多久,卡尔气喘吁吁地跑了回来,手里拿着两块面包。

他看了看我,我微微点头表示赞许。"先生,这是我和我的家人送给您的。"儿子把面包递到了流浪汉的手中,他的神态和动作似乎都在说，请接受吧。

事后我问儿子："你当时怎么会有给流浪汉送面包的想法？"

"我想您和妈妈都会赞成我的做法，因为您曾经对我说过，人只有在行善时，才能接近上帝。"

很多的孩子，在成长的过程中都能自然而然地产生出同情心，不论是男孩或是女孩。

那似乎就是一种天性。随着他们认识能力的成熟，渐渐能区分他人精神痛苦的不同表现，并能用行为表达自己的关心。

但是，随着孩子同情心的发展，父母还应逐步教会他如何正确运用这一高贵的品质。

其中很重要的一点就是注意不要让孩子滥用同情。

我见过许多品行十分优良的父母，他们力图使孩子善良而富于爱心，他们告诉孩子对别人遭遇的困难和麻烦应感同身受，但他们忘记了教孩子如何判断是非，抑或他们自己也不十分善于此道，于是在未来的日子里就会发生这样的情况：一向善良本分的汤姆竟然帮朋友窝藏偷来的赃物；杰西为了避免伙伴艾米回家挨骂，便帮助他撒谎，等等。

不要让孩子滥用同情，同情心毫无约束的发展会导致孩子是非观的模糊和不自觉的懦弱，父母们在鼓励孩子使用同情心之际有必要教他们分辨是非，告诉他们什么值得同情，什么不值得同情。

教育孩子信守自己的诺言

对孩子的信用教育，往往是品格教育中十分关键但又很容易被忽略的一项。因此，事实上，很多父母自身对于信用也缺乏足够的理性认知和实践上的遵守。而实际上这一方面无论对于树立孩子的品格还是在未来事业和生活上的发展都至关重要。所谓四时有序昼往夜来，是天地遵守的信用。言而有信，言出必行则是人应遵守的信用。

许诺就应做到，可是有的时候一些事情的确是许诺者所无法做到的，而并非出于情感上的自私或有意反悔。那么，就该尽量避免此类现象的发生，不许诺自己做不到的事。

中尉乔姆讲了这样一个故事：

我很小就爱玩打仗游戏。这种游戏极易引起人的兴趣。每当此时，我都显得特别激动和兴奋。

这一天，我们的计划是要攻破敌人的一个"堡垒"。由于这个"堡垒"位于较高的地理位置——一个废弃仓库的第二层楼，虽然已废弃，这个旧仓库的大门仍然被一只很大的锁牢牢锁住，孩子们要攻入"堡垒"的唯一办法就是要从那扇破败的窗户爬进去。

兰迪——这次战斗的指挥官威严地向我们做了布置:"由于敌人的炮火很猛烈,我们必须发动分批分组地进攻。乔姆负责率领自己的小分队作先锋,吉米、瑞森的小分队作为第二批进攻者,我负责掩护。"

"行吗?乔姆,那个窗户可比较高哇。"兰迪问道。

"没问题。交给我了!"我充满信心地大声回答。

就这样,"战斗"开始了。

我首先冲了上去,我幻想自己面对着敌人的炮火,或是来回奔跑,或是匍匐前进,或是找掩体躲藏,不一会儿,我便攻到了"敌人"的"堡垒"下。

"第二分队,向前冲锋,去支援第一分队。"兰迪的命令一下达,吉米和瑞森也勇敢地向前冲去。

就这样,我们三个人就像真正的战斗那样勇敢地冲到了仓库的墙前。剩下的事就是要爬进那扇窗户——"敌人堡垒的大门"。

"乔姆,冲进窗户,打开大门,迎接大部队!"兰迪指挥道。

我猛地向窗户扑过去,使劲向上跳,可就是够不到窗户。一下,两下,三下,还是不行。

兰迪着急地问:"好了没有,乔姆,敌人已经冲过来了啊!"

可我的个子实在是太小了,就是不能爬到窗户里去。兰迪生气地说:"刚才不是问你了吗?你说没问题!你耽误的时间让一个团都牺牲了。"我惭愧极了。中尉乔姆解释道:我之所以对小时候这次游戏念念不忘,是因为在我当兵以后发生了一件几乎完全一样的事。但区别在于那不是游戏,而是真的战争。那个夸口能做到但实际上没做到的也不是我,而是汤米上士。当时敌机轰炸得很厉害,我们需要攻占的目标，对整个战役的胜负起着十分重要的作用。团长布置任务时反复斟酌，后来问道：

"谁做先锋，先抢占目标前面的小山头？"

"我！"急于立功的汤米上士说，"我只需要45分钟。"

"45分钟？你确信能在45分钟内赶在敌人前面抵达那里吗？"

"我保证。"汤米上士说。

但结果呢？汤米上士对周围的地理环境一无所知，绕到了岔路上，整整一个小时，他也没有赶到目标前的小山头。很快，敌人赶到了，在扼守住目标前方的一个小山头后，敌人很快就在目标站稳了脚跟。而此后，我们花了整整一个月时间、才重新占领小山头。可以说汤米的许诺葬送了几百名士兵的性命。

在信用遵守中准时是最基本的内容。有些父母可能会说，我们在对孩子的教育中有那么多无暇顾及的方面，准时这样的小事又何必专门挑出来教导孩子呢？

这种想法是不对的。准时虽是小事，却与孩子许许多多其他方面的能力和品格素质密切相关。想想看，一个连约定的时间都不能遵守的孩子又怎么会信守其他的事情呢？不懂得准时的孩子往往无法形成效率生活的概念，做事容易拖沓懒散。并且，不懂得准时的孩子还常常有很强的以自我为中心的倾向，没有尊重别人的自觉意识，所以在实际生活中的合作能力比较差。此外，不懂得准时的孩子在撒谎和轻易原谅自己不良行为的概率上也要高于那些准时的孩子。

我从小就十分注意向卡尔灌输准时的观念，所以卡尔一直很重视遵守时间约定。

有一天，卡尔回到家里，十分疲倦的样子。

妈妈看到儿子绯红的脸颊，摸了摸，发现儿子正在发烧。

"你发烧了，卡尔，赶紧躺在床上，休息一会儿。"

"可是，妈妈，"卡尔无力地说，"我上星期和米吉约好傍晚6点去看木偶戏的，他叫了我好几次了。"

"不过是一场木偶戏罢了。以后看吧。"妈妈心疼地对儿子说。

"不，说好了的事怎么能因为自己的原因不去呢？"卡尔软绵绵地靠在沙发上，"我休息一小会儿就去。"

"哎呀！那就多休息一会儿吧？我给你冲一杯热饮。"妈妈说，"要不，我给米吉打个电话，告诉他你晚点去？"

"哦，不，妈妈，我等会儿就走，爸爸说了，约好的时间不应该不遵守，也不应该随意变更。"

在日常生活中，家长常常为了诱导孩子做一件事，就轻易许诺，而事后就忘记了。孩子的希望落空了，他发觉家长在欺骗自己，在向自己撒谎。比如，妈妈嘱咐儿子，在家要听话，如果表现好，就赏你甜点心。结果，孩子努力去做，表现得很好，而妈妈星期天有许多应酬，就把日期推后，而且一推再推，最后不了了之。孩子因为妈妈的诺言没有实现，感到失望，并因受骗而愤怒。

因此，教育孩子信守诺言首先得从自己开始。一个自己做事都出尔反尔、从不信守诺言的父亲或母亲，怎么能教育出信守诺言的孩子呢？因此，从父母做起是十分重要的，一点也马虎不得。

教育孩子信守自己的诺言，可以从生活中一点一滴的小事做起。如卡尔每天做得好，我就如期给一个戈比，若做得不好，是不给钱的。父母信守诺言是为孩子信守诺言做楷模，如果孩子一旦失诺，这个时候，提醒孩子要信守自己的诺言是十分必要的，也是可行的。因为，孩子自己也知道，如果这次说话不算数，那么明天就不会如愿以偿了。

这是在小事中培养孩子信守自己诺言的方法，在大事情上，也可以运用同样的方法来实行。久而久之，孩子就会变得格外信守自己的诺言了。从小培养将使孩子终身受益。

教孩子怎样用钱

我教育儿子懂得获得一点报酬是多么的艰难,并尽量教他把钱花得有意义一些。我告诉他仅仅买点心之类没有多大的意义,而买书等工具却可以永久发挥作用。有时我还提示他,如果在圣诞节之类的节日里给朋友和穷人家的孩子买点礼品,他们一定会感到非常高兴。

附近的人们遭遇天灾人祸等不尽如人意的事时,不管身份相称与否,我都会带着卡尔前去看望。

每当这种情况,卡尔总会把自己的存钱拿出去慰问受灾者。这时,我总是不失时机地表扬他:"卡尔,你做得很对,尽管你的礼物很少,但却像《圣经》里记载的那个寡妇的一个小钱那样有价值。"卡尔知道,我说的"贫穷寡妇的一个小钱",是《圣经》中的故事,在马可福音第十二章的结尾这样写道:

耶稣对着银库坐着,看众人怎样投钱入库。已有好些财主往里投了若干的钱。这时有一个贫穷的寡妇过来,往里投了两个小钱。耶稣便叫门徒过来,对他们说:"我实实在在告诉你们,这贫穷的寡妇投入库里的,比众人所投的更多。因为那些人都是自己有余,拿出来投在里头的。但这寡妇是在自己不足的情况下,把她所有的养生的钱都投进去了。"

类似这样,引用《圣经》中的故事和古今传说以及诗中的语言等来教育卡尔做好事,已成了我的习惯。我从卡尔小时候起,就让他记住了这些话。所以每当我问到儿子:"卡尔,某某人在这种情况下是怎么做的?"这时,他立刻就能明白,或者努力做好事,或者停止做坏事。

大约到了卡尔5岁时,他已存了一笔对于孩子来说算是不小数目的钱了。从那时起,我就开始指导他怎样使用那些钱。

我认为,从小对孩子进行严格的教育,也应该教会他如何使用钱,这是一种素质。它是直接关系到人一生中的发展和幸福的一个重要因素。

我把这种教育称作理财教育,它是我教育卡尔的一个重要组成部分,也是培养儿子素质的重要内容。

我认为,理财能力是孩子将来在生活和事业上必须具有的最重要的能力之一,这种能力的培养应该从少儿阶段就开始进行,做得愈早,效果愈佳,否则将会非常被动。

孩子是最容易犯错误的人,但并非就是该宽容的人。年少的孩子不具备固定的收入,不具备成熟的金钱意识,他们不知道怎样管理好自己的钱,但有强烈的使用钱的要求和欲望。这就容易导致孩子在用钱方面极易出现种种错误,这些错误直接关系到他们本身的成长,关系到他们的发展和前途。

所以,在这方面我对卡尔也同其他方面的教育一样,从他很小的时候就着手培养。

通过对一些孩子的观察和研究,我发现他们都有非常近似的错误：滥用父母的钱；现在享用，以后付钱；只把钱看成是现在买某种东西的一种工具；没有存钱积累的习惯，花掉的比积攒的多；钱在被花掉之前，已经有过好多次的购买欲望了；买东西时，把身上的钱花个精光；只在花钱时才有一种满足感；轻易相信别人付出的承诺；不作计划。

这些都是孩子在使用钱上经常容易犯的错误。帮助他们克服这些错误，树立起码的、正确的金钱观，培养他们拥有将来必需的能力，是每个家庭的基本责任和义务。

有的父母无偿地向自己未成年的孩子提供金钱，一味无条件地满足孩子的花钱要求，放纵孩子过分的物质欲望，这只能助长孩子的恶习。当他们在成年以后靠自己有限的收入生活时，一旦需要做出影响自己经济境况的重要决定，就显得手足无措，既缺乏能力也缺乏心理上的应变力。

我之所以给卡尔钱，主要是让他从小就学会懂得怎样计划使用他的钱，并且让他了解劳动与报酬之间的内在联系，要让这些在他心中打下深深的烙印。我不会无计划地给孩子钱，而是像在前面谈过的那样，在他做了好事的情况下才给他。

我认为，对孩子在使用钱上的教育，可以把它看成是一种工具和手段。教育的目的并不仅仅是让孩子学会攒钱或一定要让他经商，而是要让他成为一个能干的、健全的、真正的人。在这一点上，基础品质的培养显得尤为重要。

首先，应该教会孩子诚实。因为这关系到他将以一种什么态度去从事那些事关钱财的活动以及由此带来的社会和公众对他的评判。而且，在这方面存在问题，就将给他以后带来麻烦甚至酿成极其严重的后果。

我时常告诫卡尔,让他懂得在金钱面前保持自尊。

我认为,在现实生活中,金钱是一种最容易让人失去自尊,而做出违背自己心愿的事情的东西。而一个人如果在金钱面前能保持自尊,不出卖自己的原则,他就会获得世人的尊敬,到头来金钱就会尊敬他,使他得到事业上更大的成功与收获。

在我自己的行为上,我极其注意在金钱方面为孩子树立自尊的榜样。儿子通过儿时的种种经历和这种榜样的学习就基本上能树立自尊。

在对卡尔的理财教育中,我让他学会节俭,认识每件东西的价值,而不是无谓的浪费和对有价值东西的破坏和消耗。对每一个家庭而言,如何持家是非常重要的,我们应该教会孩子认识每件东西的价值,因而爱惜保护它。

我时常帮助卡尔从事一些力所能及的劳动,从而使他得到自己所想要的东西;经常和他一道讨论地球上的自然资源;告诉他金属、木材以及纸张从何而来,要他认识到这些东西非常有限。如果他因滥用或疏忽大意让物品遭到破坏,我会让他亲自去尝试修理。

我还告诫卡尔,尽管我们都十分喜爱财物,但不要由此一味贪图财物。因为财物虽可以给我们的生活提供支持,但它却不能创造一种真正有意义的生活。

有一次,我偶然发现卡尔的钱少了许多,这让我感到非常的奇怪,因为儿子总是把我分给他的钱好好保管起来。他的每一笔开支,无论是买书本还是买学习用具,都会告诉我,并且时常征求我的意见。

当我问起他忽然"消失"的那些钱时,他告诉了我一件令人感动的事。

儿子认识了一个小朋友,名叫豪斯,他是一个农夫的儿子。

豪斯是个爱学习的孩子,可是由于家境贫寒,没有得到受教育的机会。或许是天生的缘故吧,豪斯对书本有浓厚的兴趣。

儿子告诉我,他和豪斯的交往就是从书本开始的。

那一天,卡尔捧着心爱的书本坐在田野的一块石头上看书。正当他看得津津有味的时候,他发现有人躲在他的背后,这个人就是豪斯。

豪斯告诉卡尔,他也很想看书,可是家里没有这些对他来说很奢侈的东西。他很想听听卡尔给他讲书里的故事。卡尔周围的玩伴并不多,那天他就像找到一个知己似的给豪斯讲了许多书本中的知识。豪斯也给他讲自己的生活和家庭。

豪斯的父亲是个非常勤劳的人,整日辛勤地劳作,为了家庭付出了一切。他的母亲是位善良的女人,虽然自己没有受过教育,但她仍然希望豪斯能成为有作为的人,她教育他勤劳、向善。但由于没有良好的条件,不能让儿子去读书。她时常为此黯然泪下。

豪斯告诉卡尔说非常羡慕他,因为他有书本,有学习用具。如果他也有这样的条件,也会成为一个有知识有作为的人。

卡尔深受感动,他立刻跑回家给豪斯拿了一些纸和笔,并从自己的积蓄中拿出了二十戈比。

他对豪斯说:"这是我对你微不足道的帮助,虽然很少,但也是我的一点心意。我希望你从现在开始好好地学习,上帝是不会辜负你的愿望的。"

后来，豪斯的父亲带着他亲自到我家里上门道谢。

他说："威特牧师，您有这样的儿子，真令人羡慕啊。他就像一个天使，把爱给予了我的儿子。愿上帝赐福给他。"

我给儿子钱，是为了让他懂得学习的好处，也是为了培养他的善行。他从小就知道用自己微小的力量去帮助他人，这不就是上帝给他的恩赐吗？我是一个简朴而克己的人，一直非常重视将简朴的作风教给儿子。孩子决定着一个国家的未来，如果主宰国家未来的是贪图享受、奢靡腐化的一代人，那么这个国家将不堪设想。

满足感是简朴的根本所在。"觉得足够就是足够了"的态度肯定会对简朴品质的养成起到巩固基础的作用；我用这句话来教育儿子不要贪心。

我时常与卡尔谈论简朴如何给人带来自由，而不是束缚。把谈话的重点放在美、友谊之上，让人的价值高于物质的价值。

简朴的作风虽然很难培养，但让孩子时时记住"在所有的事情中，钟爱简朴"这句话，那么他简朴的好习惯便会渐渐形成。

第十章
我教孩子与人相处的本事

>>>>>>>>>>>>

整个一生，我们都有赖于从一些人中获得友爱、赏识、尊重、道义支持和帮助。孤独必败。

避免以自我为中心

我认为,一个再聪明的孩子,如果不懂得如何与人交往,那只能是一个"孤家寡人"式的神童。这种孩子不可能在将来有所作为,即使他是个所谓的神童,也不会做出什么惊天动地的事来。因为一个人只限于自己的知识,而不懂得与人相处,那么他的潜能也根本无法施展出来。这样的话,即使是才富八斗,那也只是个闭门造车的书呆子。

对于卡尔的教育,我一直非常注意对他与人相处方面的培养。为了他能够与别人相处和睦,为了让他成为有很多朋友的人,我曾给他提出必须做到的要求:友爱、协作、大方、开朗、公道、礼貌、自尊、责任心、组织能力,等等,目的是让他以这些作为与他人相处的准则,让他能够与别人以适当的方式交往。

善于与人交往就会觉得一切都很顺利,反之就会处处碰壁,以至于什么事情都做不成。而且,能与别人沟通的人永远是快乐的人,不能与人相处的人是孤独和不幸的人。一个无法适应集体生活、不能被同龄群体接纳的学生,常常被忽视,陷入无边的孤独中。

那些动辄发火,总是怀疑别人居心不良,或者胆怯、焦虑、畏缩,或者遇事总是那么别别扭扭、尴尴尬尬,弄得所有人都不自在的孩子，往往是最容易被排斥的人。实际上周围的孩子是否接纳他，关键在于他怎样去接纳别人，适应社会。

由于某种原因，我弟弟的孩子维尔纳曾来我家住过一段时间。他比卡尔小一岁，是他的弟弟。维尔纳非常可爱，我们都很喜欢他，由于他住在我们家，我们不想让他有不自在的感觉，所以卡尔的母亲对维尔纳极为疼爱。这样一来，卡尔就觉得母亲的爱都转到了维尔纳身上。

卡尔在一段时间里认定，在他和弟弟维尔纳的争执中，母亲总是偏袒维尔纳。这是孩子很容易产生的情绪。认为父母的关怀被弟弟分享而产生的不平衡的心理。卡尔的母亲则希望卡尔在与维尔纳的相处当中，应该学会调整自己的心态和举止，消除对别人的敌意，学会照顾别人，以后才能处理好与别人交往的问题。

但是面对卡尔的气恼，母亲并没有直接用道理来教训他，或是问他："为什么要跟比自己小的弟弟过不去？"而是郑重地对两个孩子说："我给你们提个建议，以后你们自己要搞好团结，我不干预，你们已经是有理智的孩子了。卡尔，你是不会在感情上伤害弟弟的，对吗？如果你们俩还不团结，再来找我好了。"这样，卡尔母亲就把一个关心者、照顾者的角色交给儿子了。

在这以后，卡尔和弟弟维尔纳之间有了更加亲密的手足之情。母亲的提醒使卡尔意识到自己的责任，感受到自己是这家里负责任的一员，从而变得渐渐成熟起来。在这以后，卡尔对弟弟维尔纳百般照顾，除了陪他玩还教他读书，并给他讲有趣的故事。

在一个人的生活中，沟通和理解极其重要。而家庭中对沟通技能、方法的掌握与学习，与孩子未来社会适应能力的高低紧密相连。如果一个孩子从小在家庭中学会了与家庭成员沟通的技巧，当他走入社会时，他也能很快地与他人沟通。

所以父母应当及早打开与孩子沟通的大门，不要只是进行单向性的灌输教育，或用一味地宠爱和责骂制造孩子与父母间的沟通障碍。在沟通过程中逐渐引导孩子进行换位思考，去设身处地地想想别人的心态和反应，以达到增强孩子理解他人的能力。

学会倾听的艺术

我在教育卡尔的过程中,渐渐掌握了一些与孩子进行沟通的经验,其中之一我称之为"倾听的艺术"。我和妻子每天在卡尔入睡以前,都要留一段时间听孩子讲今天发生了哪些事情,于是很多时候儿子自然就会做出评价,哪些事情做得好,哪些事情做得不好。在叙述的过程中他逐渐习惯了反省自身,而我们也会对儿子的个性、待人处事有清楚的了解。我认为,做父母的总是希望孩子对自己敞开心扉,希望孩子有什么事都与自己商量,征求自己的意见。但父母应该首先营造真心倾听的氛围,赢得孩子情感上的信任,才能与孩子达到无拘无束交流的默契。

晚餐对于我们来说,是一个最美好最重要的时刻。我们时常在餐桌上讨论家庭问题。每当这个时候,我都不许有任何人来打断我们。家里的每个人都有机会讲出自己的想法。我发现,利用这种时刻与儿子进行沟通交流效果确实与平时不大一样。卡尔在此时谈论的事情也最能引起我们的注意,他自己也会产生一种得到尊重的满足感。

我有时还会专门选择一定时间与儿子聚在一起,我们一起去田野,一起去树林中野炊,共同分享彼此的情感。在这样轻松愉快的过程中，我和儿子谈心就显得非常自然舒畅。

我认为"倾听"是一种非常好的教育方式，因为倾听对孩子来说是在表示尊敬，表达关心，这也促使孩子去认识自己和自己的能力。如果孩子感到他能自由地对任何事物提出自己的意见，而他的认识又没有受到轻视和奚落，这样可以促使他毫不迟疑、无所顾忌地发表自己的意见。先是在家里，然后在学校，将来就可以在工作上、社会中自信勇敢地正视和处理各种事情。

有一天，一位朋友对我说起他家庭的事："我们有时候会出现问题，可是我们又不愿意实实在在地说出来。部分原因是害怕，部分原因是觉得丢脸。大家全都是这样，包括我和妻子，还有我们的孩子。"

我告诉他："如果大家愿意痛痛快快地说出心里话，我建议你们举行一个家庭会议，在会议上每个人都可以发表自己的意见。"

朋友听了我的话，他们每人买了一个笔记本，在上面记下所有其他人和自己做错的事情。他们规定一个时间举行会议，每次会议结束时选出一个新的领导，由他来安排所有的事情。

后来朋友告诉我，自从有了家庭会议后，家里的气氛好多了。每一次会议他们都像过节一样，大家欢聚一堂。开始时，他们彼此还有所顾虑，有很多矛盾。可是到了后来，大家都敞开心扉，畅所欲言，渐渐地那些矛盾都在不知不觉中消失了。

以前，孩子们不敢与他多说话，妻子也有些害怕他，他自己也确实很不自在。现在，孩子们逐渐地向父母袒露了他们的情感要求，他们希望父母经常晚上陪他们一起玩一会儿，父母毫不犹豫地答应了，但同时也提出了对孩子的建议，即孩子要做到及时上楼、吃饭和洗澡。他们一家人都很赞成这种交谈方式，这使父母与孩子可以轻松地畅所欲言，而且大家都乐于去实施民主做出的决定，家庭的情感沟通、家庭教育都收到了理想的成效。并且，我的这位朋友和妻子的感情也恢复到了新婚时那样美满。

这种做法被我称为自助的家庭教育方式。我认为家庭生活可能会使家人之间产生心理障碍与隔阂，但家庭也同时具备一种积极的力量，应该主动而充分地利用它来解决所遇到的问题。比如，母亲要面对繁杂琐碎的家务，而孩子的不整洁更增添了她的负担；父亲忙碌了一天的工作，回到家却是孩子调皮捣蛋、吵吵闹闹。这时父母也许会容忍下去，但这种做法不仅不利于孩子的教育，而且会让父母感觉到压抑，甚至觉得世界都对他充满敌意。那么火冒三丈，大声责骂又怎样呢？这显然也不是明智的举动，而且会产生与孩子情感上的裂痕。

如果父母采取一种积极解决冲突的态度和方法，让全家人都坐下来，在家庭会上和谐融洽的气氛之中，这样的提议无疑是具有建设性的，而且会收到较为满意的结果。

积极的沟通不仅是父母与孩子对话、教育孩子的重要途径，它本身也是一种教育。受父母的言谈处事的影响，孩子对他所处的环境也能以主动和自信的姿态出现，能够从容理智地解决问题。

我从卡尔3岁起就让他加入类似于家庭会议这样的活动，与我和他的母亲以及女佣讨论某个问题。尽管他那时还不能每一个字都懂，但他已经注意到，发生了什么事，别人相互间怎样交谈，解决一个问题需要具有什么样的能力。

家庭会议的方式会涉及家庭教育中很多具体而重要的细节，而这些可能是被教育的双方所忽略了的。如母亲表示，她的孩子如果能帮她洗衣服和晒衣服，她会很高兴的。而孩子希望父亲能够多花一些时间陪他玩。对于父母而言，把握了这些孩子所在意的细节，无疑有助于他们更深入地理解孩子。这种深入的理解令孩子信任父母，更乐于接受父母的教育。

我想尽一切办法让我和家人能和儿子有良好的沟通，这不仅更加加深了对儿子的了解和感情，也教会儿子怎样去与他人沟通交流，以培养儿子能够善于与他人交往的能力。

选择好的交往伙伴

择友是人生大事。良友对于一个人的性格、心态、未来的发展都将起到积极的促进作用，而品质低劣的恶友只能使这个人丧失辨别是非的能力并走向深渊。不同个性的朋友对人生的影响根据个人本身的性格心理各自不同，所能激发的潜质也有所区别。

作为一个成人择友尚需慎重，何况一个心灵尚未成形的孩子呢？孩子择友更多凭着新奇和单纯的喜恶，而对朋友的本质缺乏鉴别，所以这就需要父母睁大眼睛，认真分析并给以指引了。

我们给卡尔选了两个在附近受过最好教育的女孩子做朋友，会唱歌、会跳舞，儿子和她们俩玩得很愉快。可是结果正如我所预料到的，出现一些不好的苗头。

自从让卡尔和小女孩一起游玩以后，并不任性的儿子变得任性起来，从不说谎的儿子也开始说谎了，并开始使用一些低俗的语言，他也变得自以为是和傲慢了。

这种变化令我担心。

我对儿子与两个小伙伴玩耍时的情形进行了观察，发现这是由于两个小女孩什么事都顺着他而造成的。

为此，我告诉小女孩们，不要什么都听卡尔的，如果卡尔自以为是，就跟我们说，但仍然无济于事。最后我们只得选择不让儿子再跟她们玩了。

为什么会这样呢？事后我仔细地分析了其中的原因。

首先，她们都是受过良好教育的孩子。有人会说既然她们都受过好的教育，那么彼此之间就只有好的影响了吧。其实不然，人都有好胜之心，更别说孩子了。

两个女孩子都会唱歌，会跳舞，卡尔也会，这里面就有一个谁做得好的问题。每当两个女孩翩翩起舞之时，卡尔总会在旁边指手画脚，说她们这个动作不对那个姿势不好看。这时女孩子们就会请他也来一个。卡尔会毫不客气地跳起来。由于他是男孩子，他的动作肯定有力而舒展，不像女孩那样婀娜多姿，这时女孩们又会说他的舞姿太生硬、太难看了。

那么，矛盾就开始产生了。

结果是，儿子和女孩们展开了激烈的争论。如果是争论其他的问题还好一些，就舞蹈来说，他们各有不同的观点。儿子说舞蹈应该有力，而女孩子说跳舞就应该优美。

由于他们掌握的知识和词汇都有限，争到后来，就看谁的嘴快，谁的声音大了。卡尔是个男孩子，由于他强硬的语气，往往在这种争论中让女孩们认输。即使她们心中不服，却也找不到说服卡尔的理由。

卡尔的胜利完全是因为气势压倒了对方。这样就会给他造成一个印象，女孩子们没有他行。他的优越感由此而产生，可是实际上他没有明白，自己的获胜并非是在知识上比她们强。这样，在错误的感觉中，他变得自以为是，认为自己什么都懂了。

第二，由于在争论中屡屡获胜，儿子开始渐渐地轻视同伴，认为她们的智力不如自己。

我发现儿子在很多情况下为了说服女孩们而开始撒谎。他对待争论已经超出了问题本身的范围。为了获胜，儿子开始变得不择手段，甚至编造一些故事来欺骗她们。

两个女孩和卡尔一样，都是年幼的孩子，她们的知识面都极为有限。单纯的孩子是极易被欺骗的。潜在的危害随之而来。

一方面，卡尔从一个不撒谎的人变得像一个骗子，他的欺骗不是为了金钱或其他的什么东西，而只是为了在争论中获胜，这会使他产生什么都可以通过欺骗得到的想法，这种恶果将会危害到他的将来。

另一方面，两个女孩子成了受害者，她们从卡尔那里得到了错误的知识。这也会对她们的将来产生不良影响。由于卡尔本来就有一定的知识，再加上他的气势以及撒谎的伎俩，这样在任何情况下他都能占上风。如此，卡尔就让两个女孩佩服得五体投地。最后，她们干脆什么事都听卡尔的，什么事都顺着他。到最后，卡尔甚至认为可以随便指使她们，还常说她们太蠢太笨，一些低俗的语言也就随口而出了。

想想看，仅仅是不适当的朋友就会引起孩子性格的动荡变化，更何况那些品德不好的朋友呢？所以，在孩子的人生之途上，父母一定要把好这个重要的关口。

我发现随着卡尔年龄的增长，他产生了一些摆脱各种束缚和依赖的独立倾向，这是儿童心理发展的正常现象。另一方面，与独立性同步进行的是，与人交往的心理需要。孩子期望得到旁人的理解和同情，盼望早日迈入成人的社会中，发展独立性和社会性，这是儿童达到自我与社会统一的必要前提，是儿童教育中重要的内容。

儿童本来是以自我为中心的，即一切事物都以自己为中心去认识，不能明确自己和别人的关系，把自己禁锢在自我的躯壳中。

儿童怎样才能摆脱这个自我封闭的躯壳呢？只有一条路——参加社会生活，发展他们的社会性。孩子只有接受社会，才能了解他人，了解自己以外的所有事物，即通达事理，他们的身心才能健康地成长。

如果孩子缺少与同伴交往的机会和体验，加上家长的溺爱娇惯，就会使他们形成任性固执、不知道爱人、缺乏责任感、依赖性强、性格懦弱孤僻等心理弱点。同时，单元结构的住宅环境，也不利于孩子的社会活动。

孩子必须走出封闭的家门，加入小伙伴的社会活动中，才能健全地发育和成长。从对卡尔的教育中我发现，儿童到3岁时就想交朋友，需要小伙伴，这就是社会性的萌芽。一个哇哇大哭的幼儿，妈妈怎么哄他也无济于事，如果过来一个小朋友逗他玩，他立即就会破涕为笑，这是因为小伙伴之间容易形成"共鸣心理"，能互相接受对方的影响。小伙伴的作用是大人所顶替不了的。儿童和亲人的关系是"竖"的关系，和同龄儿童的关系是"横"的关系，伙伴们的关系与母子关系不同，他们之间是平等的，要求友谊、信赖和合作。小伙伴们在一起，起到了"儿童教育儿童"的作用，他们在这里逐渐了解自己与他人的区别和联系，他们开始认识到随心所欲、任性、以自我为中心，是无法与其他儿童交往的，他们必须要遵守伙伴中的"法则"，谁违背了法则就会被排挤，不受欢迎。这样,他们就逐渐从"自我"中走出来,学会了谦让和互助,了解了自己的权利和义务。

小伙伴之间的关系往往十分密切,它不仅满足了孩子心理发展的需要,而且满足了孩子社会心理的需要,从交往中孩子发展了独立性和社会性,增强了自主能力和社会能力,为他们健康成长、走向社会打下了基础。

我们有的家长,往往不重视孩子之间的友谊和交往,他们封闭自己的家门,不但不许自己孩子出去,更怕孩子带小朋友来玩,常把孩子的朋友拒之门外。他们以为这是爱自己的孩子,实际上这样做不仅破坏了孩子与人交往的心理需要,伤害了孩子的感情,而且堵塞了孩子的正常发展道路。

家长们要尽量支持孩子们共同玩耍,一起活动,特别是当孩子发生争执或打架的时候,更不要感情用事,过早干预。其实,孩子们打架是难免的,他们在打架中碰了钉子,就会意识到互相之间应该忍让、考虑一下别人的意见,为了使活动继续进行,他们很快就会解决纠纷,言归于好,从而获得了与人相处的经验。

凡是做父母的人都懂得,人的一生离不开朋友,但是对许多人来说,一生中最真挚、最恒久的友情都是在孩童时代建立的。孩子的合作精神也正是在这种友情中逐渐培养的。

友情能使孩子有一种归属感,自觉获得同辈支持。他们是家庭和外面世界之间的桥梁。罗伯特·施尔曼说:"童年时代的友情是日后所有其他亲密关系的排练;有没有这种友情,意义重大。"许多小时候老是愁眉苦脸和心事重重的人,长大后却变得乐观开朗,"个中原因往往就是:他们交到了朋友。"

有些孩子不懂得怎样结交朋友，但只要大人给予他们正确的引导和支持，这情况是可以转变的。你虽然不能主宰孩子社交生活的方向，但可以通过种种方法鼓励和帮助他们结交朋友。

作为成年人，我们都知道交朋友是件很慎重的事。我们不但应该用爱心去对待别人，还希望我们的周围都是同样用爱心对待我们的人，而不愿意去和魔鬼打交道。

成熟的成人有时都会在不良的影响下走上歧途，何况孩子呢？所以我一直主张孩子不要去接触那些有坏习惯的人。

有的人会说，你这样不是太自私了吗？你应该去帮助那些有坏习惯的人。我也想这样做，但我知道那几乎是不可能的。其实每个人只要认真地对待自己，坏习惯自然会消失。

我的好友和同行沃尔夫牧师与我持不同的观点，他认为好孩子的好习惯能够传给坏孩子。我承认这是一个美好的愿望，但这几乎是不可能做到的。就这一问题，我曾经和他讨论过很多次，但他始终坚持自己的观点。我觉得既然不能用理论去说服他，那就只能看事实了。

威廉是沃尔夫牧师的儿子，他接受的几乎是和我儿子卡尔相同的教育。我不得不承认，沃尔夫也是一位非常出色的教育家，因为他的儿子在很多方面都不会比卡尔差，无论是知识面、语言，还是品德，威廉都表现得相当出色。

沃尔夫牧师与我不同的是，他鼓励儿子去和那些坏孩子交往，他告诉自己的儿子应该去帮助那些有不好习惯的小朋友。

帮助别人，是一种美德。但在我看来，沃尔夫牧师的做法未免太迂腐了，我认为他对自己的孩子极为不负责任。

由于对玩伴的不加选择，沃尔夫牧师的儿子威廉渐渐地发生了变化。我曾经无数次告诫过沃尔夫，但他仍旧置之不理，他坚持自己的观点，他相信最终一定是自己的儿子会改变那些坏孩子。

对于他的固执，我有什么办法呢？

不该发生的事终于发生了。

沃尔夫牧师有好几次发现儿子威廉很晚才回家，已经超出了他规定的游戏时间。于是他问威廉为什么会这样。儿子告诉他，因有几个小朋友在一起发生了矛盾，他试图去劝解他们，他还给他们讲一些《圣经》上关于友善的故事。

"原来是这样。"沃尔夫牧师相信了儿子的话，并为他的这一举动感到高兴。因为这是他所希望的，儿子能够帮助别人，真应该为他高兴。然而，他不知道，他被自己儿子的谎言欺骗了。这也不能怪他，因为儿子威廉在此之前从来都不说谎。善良的沃尔夫牧师做梦也没有想到儿子会渐渐染上了那些坏孩子的恶习。后来，当沃尔夫知道真相，几乎气得昏过去。威廉所谓的帮助别人，实际是他们聚在村外的树林中赌博或讲那些低级下流的故事。沃尔夫应该知道，赌博在农夫之中非常盛行，这是那些没有受过教育的人的唯一乐趣。而那些下流的故事在他们之中极为流行。可是，这完全没有引起他的重视。

威廉的那帮小伙伴几乎都是这些人家的孩子，他们从小就没有得到很好的管教，没有良好的教育，他们只是去模仿家人的做法，坏习惯和低俗的语言对于他们来说是家常便饭。威廉天天和他们在一起会有什么影响，那是显而易见的事。有一天，威廉气喘吁吁地从外面跑回家，什么话也没有说就跑进自己的房间。沃尔夫看出他显得惊恐万分，赶忙去问他发生了什么事。

威廉一言不发，无论他怎样问他始终不肯说一句话。沃尔夫感到非常奇怪，他还认为是有人欺负了自己的儿子呢。"沃尔夫牧师……沃尔夫牧师……"门外有人叫他。

当沃尔夫牧师走到门外时，看到了一个满脸怒气的农妇。

"太不像话了，沃尔夫牧师，您应该好好管教您的儿子。"

沃尔夫很惊讶，他一直以为自己的儿子是个好孩子。有什么事会让这位农妇那么生气呢？

"请问出了什么事吗？"他大感不解地问。

"您的儿子带着其他的孩子来偷我们家的鸡。这不是第一次了。以前我们家的鸡无缘无故地失踪，我还以为是魔鬼干的，但今天我发现是你的儿子威廉干的。您是一位牧师，不能教孩子干这种坏事……"

原来，有很多次，那些孩子指使威廉去偷农妇家鸡，并一起在野外烤来吃。我不知道沃尔夫知道了事情的真相后会怎么想，但他一定会非常难过的。后来，沃尔夫牧师终于承认了我的观点，再也不让儿子和那些坏孩子玩了。

很多人都有这样的观点：孩子如果没有与之游玩的小朋友就会变得自负或者任性。这种观点极端错误。

在我看来，真实情况恰恰相反：不加选择地让孩子们在一起玩，他们就互相逗能，有可能变成利己主义者，结果沾染上狡猾、虚伪、说谎、任性、嫉妒、憎恨、傲慢、说坏话、争吵、打架、诽谤、挑拨等坏品质。

与各种年龄的成年人都能自由交往

在成长的时候,孩子不仅需要不同的小伙伴,也需要不同的成年人伙伴。因为这些成年人伙伴一方面是孩子学习的榜样,另一方面则能从不同的角度给孩子不一样的关爱。如果孩子能有与各种年龄的成年人自由交往的机会,今后就会比较适应经常要与人打交道的成人社会。这些成年人能够成为孩子学习的各种榜样,从他们身上孩子能够学到不同的东西,他们与孩子的不同关系也能教会孩子如何对不同的对象有不同的交往方式,因此这一课对孩子来说是非常重要的。

在大的场合,有些孩子因为没有经常与成年人交往,难免有时会怯场。而如果平常多一些这样的锻炼机会,他们就会从容应对,表现自如。让孩子与各种成年人交往也是孩子拓宽自己能力范围一个很好的途径,有时甚至还能够弥补父母的一些缺陷。

有些孩子的父母知识程度不高,那么孩子可以通过其他有学问的叔叔阿姨们获得这方面的学习;而有些父母太忙了,陪孩子的时间不多,如果孩子自己有一些成年人朋友,他们能像长辈一样地关怀孩子,就能填补孩子情感上的一些空白。

从儿子两岁以后,不论走亲访友还是买东西,也不论参加音乐会还是看歌剧，我去哪儿都带着他，让他从小就与身份各异的各阶层人士交往、谈话。这样做的结果是，儿子具有很好的社交能力，从小到大从不怯生、不怯场，越是人多或越重要的场合，儿子就发挥得越好。后来儿子成名后必须出入一些正式场合，与贵族、王公大臣，甚至国王打交道，他都能表现得非常得体，给别人留下了很好的印象。我见过一些在学问上十分优秀的人，因为缺乏经验，出入这类场合时就显得畏缩慌张，实在不雅。

很多时候，孩子会片面地从一个人的举止态度来决定自己是否喜欢或讨厌这个人，我会尽量避免这种不客观心态的产生和发展。

对于他不正确的想法，我会给予他及时的指导，让他多角度思考并给他讲清楚道理。

有一天，卡尔对我说，他不喜欢我们的邻居布劳恩夫人。我问他为什么，他说布劳恩夫人很少笑，一点也不亲切。

我对他说："你不喜欢布劳恩夫人是因为她看上去不亲切，很少笑。可是另外一些事情你也许不了解，布劳恩夫人的心地很好，如果你对她表示友好，她会很高兴的。你们会和睦相处的。"

第十一章
有助于儿子成功的好习惯

>>>>>>>>>>>>

好习惯是人在神经系统中存放的资本，这个资本会不断地增长，一个人毕生就可以享用它的利息。而坏习惯是道德上无法偿清的债务，这种债务能以不断增长的利息折磨人，使他最好的创举失败，并把他引到道德破产的地步。

合理安排时间

　　合理安排时间，使工作和生活中的各种事务都能及时完成，保证生命的高效率运转，是生活能力中的极其重要的部分。父母应当教会孩子珍惜时间并统筹安排他所面临的多种事情。事实上，注重效率的作风将为我们赢来双倍的生命。

　　合理安排时间意味着珍惜时间，加快单项工作进展的速度。

　　我非常注意培养儿子做事珍惜时间的习惯。如果儿子做一件事磨磨蹭蹭，即使做得好我也不会满意。这对培养儿子雷厉风行的作风很有积极的作用。

　　培养孩子珍惜时间的习惯非常重要。我们周围有许多人，他们坐下来不磨蹭很久是不会开始工作的，这正是因为他们自幼形成了一种很坏的习惯所致。

　　他们在磨蹭之中白白地虚度和浪费了多少时间啊！

　　当然，我对于卡尔的严格教育是有目的和尺度的，我并没有使孩子牺牲很多吸收其他知识及玩耍的时间，并且使他在每天只花费一两个小时的时间在学习上就能达到良好的学习效果，这一切正是得之于我培养他形成的珍惜时间、敏捷灵巧的习惯。

　　卡尔并非别人想象的那样由于学习而失去了玩耍的时间，反而正是由于他在学习知识时专心致志，效率极高，才使他赢得了很多时间去从事运动、休息和参加各种交往。要想做事专心、提高效率，必须从小养成敏捷灵巧和雷厉风行的习惯。因为我们每个人的生命都十分有限，人的一生就只有几十年，还有大部分时间花费在睡觉、休息上，如果不能够善于抓紧时间做一些事，那么宝贵的时间就像水一样悄悄流走，生命也就像天上的流星那样转瞬即逝。

卡尔自小就在我的训导下深知，一个完美的人应该做事果断，行为灵巧，那样才会在有限的生命中做出有所作为的事情来。

有一次，卡尔准备做一个数学练习题。我把题目告诉他就离开了。因为每次遇到这样的情况，我都会给他一个时间限制，在时间未到时，我不会去打搅他，目的是让他能够专心地独立解决问题。

可是这一次，我为了拿一本书，在时间未到时就走进了儿子的房间。我发现他并没有像往常那样在书桌前做练习，而是在房间中转来转去地玩。

我立刻问他："卡尔，你在做什么？为什么不做我给你布置的练习题？"

"这道题很简单，时间还早呢。在时间到达之前我一定能够做出来。"儿子根本没有把这件事当回事。

"是吗？你觉得它太简单吗？"听儿子这样说我很气愤，"那好，我再给你加两道题。""可是，为什么？""你不是觉得时间太多了吗？那你就应该多做些事。"

平时对儿子我是非常严格的，言出必行，卡尔是知道我的作风的。于是，我把两道极难的数学题布置给他后就离开了。

到了规定的时间，我就走进去检查他的作业。他已经做完了两道题，正在解第三道最难的数学题。

"卡尔，停住。"

"可我还没有做完呢？"

"我只给你加了两道题，并没有给你加时间。"我严厉地说。

"可是，爸爸，这不公平。三道题应该是三道题的时间。"儿子委屈地对我说。

"不公平吗？你自己认为有太多的时间，那么就应该在多余的时间中多做两道题。"

"如果在之前你没有磨磨蹭蹭地浪费时间，那么你就有足够的时间来做那两道题了。"我对他说道。

这时，儿子若有所思地看着我，似乎悟到了什么东西。

"你想想看，"我继续开导他，"如果在这之前，你没有把时间浪费在磨蹭上，那么早就做完了我给你安排的题目，就可以用你剩下的时间去看你愿意看的书和干自己喜欢的事了。在你磨蹭的那一段时间中，你什么也没有做，就好比你把一杯可口的牛奶倒在了地上，那不是一种最大的浪费吗？

"所以，由于你今天浪费了时间，我也会浪费你的牛奶。当然我不会将你的牛奶倒在地上，而是送给我们的女佣喝。我才不会像你那么傻，把美好的东西浪费掉，而是要尽可能地发挥它的作用。"

那天，我按着所说的去做了，把儿子的牛奶送给了女佣。从此以后，卡尔明白了这个道理，再也没有发生上述的那种事情。

合理安排时间还意味着能够作出合理规划、统筹安排多种事情，使之能在同一时间内有效完成，提高工作和生活的效率。

一个朋友给我讲过这样一件事：

某家幼儿园举行了一场比赛，增强儿童统筹安排多项事务的意识和能力，摸索出适当的效率教育方式，我们共有 30 名年龄在 4 岁至 6 岁的孩子参加了比赛。

比赛要求孩子在 30 分钟内完成 3 件事：

烧一壶开水、做完涂色作业、洗一条手绢。这三件事若接连完成，则 30 分钟是远远不够的。

烧一壶开水至少需 20 分钟，做涂色作业速度最快的孩子也要 20 分钟时间，洗一条手绢，6 岁的孩子通常用 10 分钟，4 岁左右的孩子则要用 15 分钟以上。这样一般来说，如果一个孩子顺序完成这三件事得需要 50 分钟左右。

比赛开始以后，我们看到，多数孩子都只是逐项完成着这三件事，其中速度最快的孩子也花去了 47 分钟，根本未能达到我们的要求，在比赛即将结束，而我们也深感失望之际，有一个孩子引起了我们的强烈兴趣。

他先将小水壶盛满水放在炉子上，然后取过小盒将小手绢用洗衣粉泡起来，接着便去做涂色作业。涂色作业做完的时候，水也烧开了，那孩子于是将小水壶拎下来，做完这件事后他开始去洗那条小手绢，小手绢上的脏东西被泡了下来，孩子用手轻轻揉搓了一下就将它拎了出来。所有事情做完以后时间正好 25 分钟。在场的老师和教育专家们都鼓起掌来。

后来我们了解到那孩子叫吉姆，他的父母都是统筹学教授，他们很注意在日常生活和学习中培养孩子的统筹能力。这使孩子做事十分富于计划性，并能及时有效地应对多种事务。吉姆高效率的做事方式，为他赢得了更多的时间去从事自己喜欢的事情。据幼儿园老师介绍，吉姆是幼儿园中兴趣最广泛、知识面最宽、动手能力也最强的孩子。可以推测，这样的孩子在长大以后必定有着比他人更强的竞争力，也更能应对错综复杂的生活和工作局面。

在卡尔学习功课时，我坚持让他在自己的房间学习，绝不允许有任何干扰。并从制度上严格地规定他的学习时间和游玩时间，以培养他专心致志的学习态度。

因此，我每天给他规定60分钟的功课学习时间。在这个时间，卡尔专注地学习，否则就会受到我严厉的批评。

所以，在卡尔学习的过程中，即使是妻子和女仆问事，我都一概予以拒绝，我会对她们说："卡尔学习时，你们就不要去问事，去打扰。"

即使有朋友来，我也抱歉地让他稍候片刻，也不会放下对卡尔的辅导，我这样做的目的是让儿子在学习时养成一种严肃认真、一丝不苟的精神。

专心致志地学习

有的父母问道,为什么他们的孩子每天都坐在书桌旁苦苦学习,却丝毫没有长进呢?而又为什么有些孩子看上去并非很用功,却总能取得很好的成绩?这些父母对此产生深深的疑问,他们在想:自己的孩子如此勤奋,但仍没有好的成绩,是否因为他太笨,而那些成绩好的孩子太聪明呢?

这种问题,不可一概而论,因为一个孩子的成长是由多种因素支配的。但有一点可以肯定,那些孩子在学习上之所以没有取得令人满意的成绩,大多是由于没有从小养成良好的学习习惯的缘故。

这取决于父母,父母应懂得怎样去培养孩子,怎样引导孩子注意学习习惯和学习方法。

其实,即使有的孩子天生聪明,在他们很小的时候就聪明伶俐,灵气逼人,也可能由于没有得到父母良好的教导,养成不良的学习习惯。比如,对什么都感兴趣,对什么都想学,于是东一榔头西一棒槌,结果什么也没学好。

有求知欲和多种兴趣肯定是一件好事,但还要看父母怎样去教导。其中最重要的就是教孩子学会专心。

因为,只有专心孩子才能发挥出智力的最高水平。一个专心而智商不高的孩子能发挥出的能量会远远超过一个智商高而不专心的孩子。

卡尔也是个好学而有多种爱好的孩子，但他并没有因兴趣广泛而影响学习。关键在于我从他很小的时候就严格地教育他学会计划和安排。

无论在他学习什么的时候，我都要求他必须专心致志。学语言的时候就只考虑语言，学数学就专心于数学。我绝不允许他在学习的时候想着玩，玩的时候又担心学习跟不上。因为如果不能用心一处，那么一切都是白费；如果不能专心一处，即使孩子整天坐在书桌旁，那也只不过是装装样子而已，只是一种对时间的任意糟蹋，也是对自己和别人的一种欺骗。

很多的孩子成天在书桌旁学习却没有好的成绩，大多是由于不能专心导致。他们坐在那里发呆，捧着书本却心系别处，或者望着天空想入非非。这样的状态，怎么能够学好知识呢？我认为，与其这样，还不如到外面去痛痛快快地玩一场。

我一个朋友的儿子哈特威尔，是一个非常聪明的孩子，他的年龄比卡尔整整大10岁，由于我和他的父亲是多年的老朋友，几乎是看着他长大的。哈特威尔小时候几乎和卡尔一样，对万事万物都有极强的好奇心，也有很强烈的求知欲。

每当我去他们家串门时，那个可爱的孩子总围着我问这问那。或许是我对孩子有很强的耐心吧，我对他的问题总是给予认真的解答。由于这样，小哈特威尔还把我当成他的好朋友呢！

但是，当这个孩子开始接受正规教育时，他的父母告诉我哈特威尔的成绩总是不尽如人意，起初我感到非常奇怪，因为孩子很聪明，他的父母也都是很有学识的人，他们对孩子的教育应该是很不错的，可是为什么会这样呢？

为了帮助他的父母解开这个谜，有一次我要求他的父母允许我偷偷地观察哈特威尔是怎样学习的。

学习的时间到了，哈特威尔像往常那样坐在书桌前准备背诵荷马的诗。我在另一个房间从门缝里悄悄地观察他。当时他在默诵，我能听到他小声地诵读，可是，不一会儿，他小声地诵读声渐渐没有了。我发现他的眼睛并没有放在捧着的书本上而是抬起头呆呆地望着窗。

我知道，孩子学习走神了，他一定没有把精力集中在书本上。我把哈特威尔的父亲也叫过来观察他。他的父亲看到这样的情景顿时火冒三丈，立刻就要进去训斥孩子。

我及时地阻拦了哈特威尔的父亲，小声地对他说："您大可不必这样，让我去和孩子谈谈。"

我悄悄地走进了哈特威尔的房间。当我已经走到他身后的时候，他仍然没有发现。我想，这孩子一定是在想什么东西都想得入迷了。于是，我轻轻地在他的肩膀上拍了拍，他似乎受到了惊吓，浑身微微地抖动了一下。

"哈特威尔，你在想什么呢？"

"哦，是威特先生。"

"你在想什么呀？学习的时候应该用心，为什么走神了呢？"我轻言细语地问。

"我……我没有想什么。"

"那么，我再考考你刚才背诵的诗。"我拿起了他的书本，看着他说。

可是，哈特威尔一句也不能背出来。他满脸通红，羞愧难当。

"孩子，你如果没有想别的事，那么怎么会一句也记不住呢？"

后来，哈特威尔只得承认他在刚才学习时走神了。

"我也不知道为什么？看书时总是这样，总要去想别的事情。"

"那你刚才在想什么事？"我又问。

"我在想昨天发生的一件事，有一个小朋友仗着他身强力壮，就欺负别的孩子，我很气愤。我刚才在想我如果是一个武艺高强的剑客就好了，那么我一定会教训教训他。我会骑着高大的白马，挥舞着长长的宝剑去帮助那些弱小的小朋友，一定要让坏孩子尝尝被欺负的滋味……"

他一边说，一边比画起来。这时，我看到哈特威尔的脸上充满了奇异的光彩，他在憧憬着自己成为英雄的场面。

"听我说，孩子，"我打断了他，慢慢地开导他，"你知道吗？帮助别人是好事，但不能光坐在这里想呀！你现在看的书是荷马，这里面有很多英雄的故事，你应该在书中寻找那些英雄的事迹，看看他们是怎样成为英雄的。

"何况，你现在正在学习，其他的事情都应该暂时放下，努力地学好本领才会使自己成为一个强者。你想成为英雄，想帮助别人，就应该在书本中学习那些英雄的智慧，而不是在书桌前幻想自己成为英雄。你说对吗？"

"我明白了。"小哈特威尔好像忽然悟到了什么东西一样，"现在我在书本中学习英雄的智慧，等学完后我再到外面去锻炼身体，也把自己的身体练得强壮有力。那么等我长大后，就可以真正地帮助那些弱小的人们了，你说对吗？威特先生。"

"是啊，道理就这么简单。"我知道他解除了心中的迷惑，也为他感到高兴，"现在，哈特威尔骑士，你知道怎么做了吗？"

"知道了。"说着，他便捧起了书本，专心致志地学习起来。

后来，他的父母碰见我就说："威特牧师，你的教育方法真棒，现在孩子的学习成绩提高得真是惊人。"

哈特威尔学习不好的症结在于他不能用心于一处。我发现了这一点，并用巧妙的方式让他全心用于学习，那么他的成绩有很大的进步是很自然的事。

在我的培养下，卡尔从小就养成了用心一处的做事风格和专心致志的学习习惯。无论周围有多少干扰也不能让他把自己正在做的事情停下来。在儿子四五岁时，他的这种良好的习惯已经在他的心中深深地扎下了根。人们都说，卡尔是个很有个性的孩子，因为没有人能够轻易地打乱他正在着手的工作。

在卡尔过5岁生日的时候，那一天我们为他安排了一个生日晚会，请来了很多客人，其中有他的那些要好的小伙伴。

人们都聚在客厅里吃东西、谈话，只有卡尔不在场，当时他正在自己的房间里做功课。为了不让客人们久等，我必须去叫他。

"卡尔，你该出来了，客人们都在等你。"

"生日晚会8点开始，可现在才7点40分，还有20分钟呢，我要先把功课做完。"

"可是，外面有那么多人，你不着急吗？"

"我不应该着急。您不是常常对我说无论做什么事都要用心一处吗？"

坚持不懈的习惯

人在一生中会遇到很多很多的问题，无论是在生活当中还是在学习上都会有很多难以预料的困难。我时常教育卡尔，认准一件事后就要尽全力去努力，只要有恒心，只要能够坚持，那么一切困难都会迎刃而解。

卡尔在学习上每一次有质的飞跃，都是通过在一个困难问题面前坚持不懈地努力的结果。

由于儿子在学习上一直都表现得特别轻松，任何有关数学的题目都能够似乎很不费力地解答。为了让儿子的能力有所提高，有一次我给他安排了一道远远超出他能力范围的题目。

我对那一次记忆犹新，因为那天儿子为了做出那道数学题的确费了相当大的工夫，也体现出他超出常人的毅力。

我给卡尔指定题目之后，他就开始像往常一样专心致志在书桌前认真思考起来。每当这时，我会离开房间让他能够在安静的环境之中独立思考。

过了很长时间，卡尔还没有从房间中出来。我感到有些诧异，虽然那道题很难，但卡尔以前从未用过那么长的时间去解习题。何况现在已经远远超出了我给他规定的学习时间。

我走进房间时看见卡尔仍然在那里冥思苦想，而桌上用来做习题的纸仍然是空白一张，什么字都没有。

我问儿子："怎么，是这道题太难了吗？"

儿子抬起头来看了看我，一语不发。

我看卡尔此时满脸通红，虽然天气不热却满头大汗。我当时的第一个反应就是儿子一定生病了。

"卡尔，有什么地方不舒服吗？"我问。

"没有，我在想怎样解答这道题。"卡尔回答道。

"现在已经超过了时间，如果你认为太难就先休息一下吧，明天再来解决它。"我说道。

"不，爸爸，再等一会儿。我似乎就快要找到答案了。请您再给我一点时间。"卡尔说完继续埋头思考。

我想儿子正处在解答问题的关键时候，不应该打断他。于是，我又走到了房间外，和卡尔的母亲谈论这件事。

快要吃饭的时候，儿子的母亲有些按捺不住了，她对我说："你应该让儿子出来了，恐怕那道题太难，卡尔的自尊心太强，害怕做不出而难为情。你去劝劝他吧，不要让他太累。"

于是我又走到了儿子身旁。

"卡尔，你已经尽力了。解不出来没有关系，这道题的确太难了。"我对儿子说。

"不，爸爸，快要做出来了，"儿子说，"您不是告诉我要坚持不懈吗？我已经找到了解这道题的方法，就是差一点点。我想我马上就能完全解答它。"

面对儿子这样的态度，我还有什么话说呢？只能和妻子在外面耐心地等。其实我们已经做好了儿子不能解出题的思想准备，只是觉得儿子既然有那份恒心就尽量支持他。

"爸爸，爸爸。"不久，我终于听到儿子兴奋的喊声。在那一刹那我感到了无比的激动，从儿子的声调来看，我知道他成功了。

不出所料，儿子拿着那道题的答案，蹦蹦跳跳地跑了出来。

我看了他的答案，完全正确，并且他的理解思路巧妙之极，似乎还在标准解题方法之上。

那天在晚饭的餐桌上，儿子不停地对我说他是如何去思考，又是如何去寻找解题的着眼点。他也承认那道题确实太难了，他说他从未碰见过这样的难题，但他同时也为自己能够成功地做出来而感到自豪。

当我问他在解题过程中有没有想到放弃的时候，他这样对我说："想到过，因为它确实太难了，有很长一段时间，我感到头疼，脑袋都要涨破了。我真想跑出去对您说做不出来了，但每当那个时刻，我就会听到自己心中有一个声音在说：'坚持一下，再坚持一下。'所以，我就发誓一定要坚持下去，非把它解答出来不可。"

那天晚上，卡尔吃了很多东西，睡觉也比平时香得多。他的确累极了。

自从那次之后，卡尔的解题能力得到了大大的提高。在以后的很多时候，他都能够用两三种方法解答一些极难的数学题。

卡尔也通过这一次的练习对只要坚持就会成功的道理有了更深的体会。

精益求精的习惯

在学习语言和数学等知识上,我绝对严禁他在学习当中敷衍了事,这是为了培养他精益求精的习惯。

我认为教儿子学习知识就如同砌砖一样,如果不严格要求,就绝不会收到好的效果。

做事力图精益求精是一种美德。我最讨厌那种大而化之的人,他们无论做什么都不去深入地研究,只求大的效果,没有让人值得回味的东西;甚至在很多方面有不可饶恕的错误。

我从小就教儿子做事要认真,尽量把一切事都做得尽善尽美。无论对于学习还是对于爱好,都要讲究一个"精"字。

我告诉他,任何事情只要有了给人以"精"的感觉,这件事一定就有了价值。

儿子喜欢画画,我就从这方面去教他理解精益求精的道理,因为艺术的创造是尤其讲究精益求精的。

我给儿子买了很多名画的复制品,经常给他讲解艺术家是怎样完成它们并力图达到完美的。

儿子特别喜欢画小桥,特别是秋天金色太阳下的小桥。他曾经告诉我,在晴空万里的时候,强烈的阳光洒在小桥的石头上时能泛出如黄金般的光芒；小桥下清澈的河水是蓝色的，太阳的反光犹如蓝宝石一般美丽，阴影中是深蓝色的，显得神秘而变幻莫测。

有一天，儿子带着画具到村外的河边画画，他是专门去画他最喜爱的那座小石桥的。儿子坐在河边的石头上专心地画画，我在一棵大树的影子下看书。

我捧着书本细细地读着，偶然望望不远处的卡尔。我心情很愉快，也许是天气太好，也可能是儿子也把我带入了一种宁静之中。

不一会儿，卡尔站起身来。他似乎画完了，拿着画板向我走来并把那张画拿给我看。

那幅画的确不错，形象处理得非常好，构思也很讲究，小桥与蜿蜒的河流以及旁边的村庄搭配得错落有致，颇具美感。

我仔细看后，发现这幅画还是有些缺点。换作别的父母，可能会对儿子夸奖和鼓励一番，这幅画也就算完成了，可我没有这样做。我认为发现了缺点就一定要给儿子指出来。

"卡尔，你不是给我描述过你想画的那种感觉吗？可我从这幅画里没有看出来呢。"我问儿子。

"可是，我认为我已经画出来了。"儿子不服气地回答。

"你对我说过，水在阴影中的颜色像宝石那样蓝，而且还有神秘感，我怎么没有发现呢？"

儿子摸了摸后脑勺，仔细看了看画，又向小桥下的阴影望了望，然后很不好意思地说："我忘了用深蓝去画水中的变化了。"

于是，卡尔又坐在了河边的石头上。

"爸爸，你看这下行了吧。"不一会儿，卡尔又把画拿到了我的面前。

"嗯，不错，颜色比刚才要好多了，虽然这块水中的阴影已经表现出来了，可是仍然没有蓝宝石那样晶莹透明的感觉，更谈不上神秘感了。"我对儿子说道。

其实我心里知道，儿子画成这样已经相当不错了。他连阳光下的水和阴影下的水之间不同的色调都很准确地区分出来。除非专业画家，就是经过一定训练的成年人也很难做到。

我本来想，给儿子提些意见，这幅作品也就算完成了，即便有缺点，也可以留给他以后慢慢解决。

"我再去仔细观察一下。"儿子居然来劲了，又重新坐在那块石头上。

我看见他一会儿端详自己的画，一会儿又眯起眼睛仔细观察小河中的流水，一会儿又咬着笔端认真地思索。

这一次他在那里待了很久，连我都觉得应该回家了，可他仍然在那儿坐着。

"卡尔，该回去了。"我催促道。

"等一会儿，马上就好。"卡尔在远处向我答应了一声；我看见他突然埋起头，拼命地在画面上涂抹着。嘴里还嘟囔个不休，也不知他在说些什么。

当他把画第三次拿到我面前时，简直把我惊呆了。桥下那片处在阴影中的水，真如蓝宝石般的美丽，富有变化，神秘莫测。

"儿子，你真行，你是怎么做的呢？"

"我发现了阴影中的奥秘，它不是一整块深蓝，而是由不同的蓝色组成的，里面有深蓝、普鲁士蓝，还有钻石蓝，甚至还有一两点红色，那是岸边的花在水中的倒影……"

当时我很激动,他说的都是绘画中很专业的东西,没有人专门教他,却自己悟了出来,可见他的观察力之强。

"那你刚才在那儿不停地嘟嘟囔囔,你在说什么呢?"

"我不停地说,'蓝宝石''神秘感''蓝宝石''神秘感',我想只要我用心去做,一定会把那种感觉表现出来的。"

面对儿子这样的回答,我还有什么话可说呢?我压抑住心中的激动,和他手拉手一起向回家的路走去。

在路上,我对他说其实第二次就已经不错了,问他为什么有那么大的兴趣又开始第三次。

"你不是对我说过吗?做什么事都要力图精益求精。"

看着卡尔那股既天真又快乐的劲儿,我真不知道再说些什么,只能紧紧地握着他的手。

卡尔在5岁时就已经是一个思维非常灵活的孩子了,认识他的人都说他机灵、聪明,别的孩子也非常羡慕他有如此灵活的头脑。一些朋友曾经问过我,像卡尔这样的孩子一定是天生就聪明吧?他一定是个天才吧?我往往回答他们的是一个字:不。

在我看来,一个人各方面的能力大多是通过训练而来的,而并非完全来自于天赋。只要孩子天生没有哪项功能不健全的,只要得到了正确的教育,都会成为天才似的人。

有一天,卡尔在屋外的院子里用水彩画一棵树和花园里的鲜花。虽然儿子只有4岁半,但由于他学习画画已经有一年多的时间了,所以表现得非常熟练。不仅用笔流畅,而且形象和色彩都画得很准确。正当儿子画得起劲的时候,我悄悄地走到了他的身边。

"卡尔,这幅画真漂亮呀!"

"真的吗？"听到了我对他的表扬，儿子高兴地抬起头冲着我笑了笑。

"不过——"

我的话还没有说完，儿子就打断了我，问道："不过什么？您觉得有什么不好的地方吗？"

"我觉得你画得很好，只是你在这一年中总用这同一种方法画画，恐怕不会达到足够好的效果。"

"为什么呢？"

"我认识几位艺术家，他们在创作时总是在不断地变换创作方法，以求得到不同的效果。他们曾对我说，总用同一种方法创作使人感到厌烦，甚至会让自己的感觉变得迟钝。

"所以，我认为你也应该像那些艺术家一样，多尝试一些新的表现方法，可能效果会更好些。"

"是呀，"儿子听我这样说便开始发表自己的看法，"我也有这样的感觉。我画了很多画，但它们几乎都是一个模样，虽然现在比以前要熟练得多，但有时我也觉得不像开始时那样有意思了。"

"那么，你就尝试一些其他的方法吧。"

"可是我不知道怎么做。"

于是，我就尽我所知，向儿子介绍了造型艺术中的各种表现方式。告诉他除了绘画之外还有拼贴、剪纸、雕塑等，并向他说明了这些方式的具体制作过程。

儿子听完我介绍这些不同的方法后，顿时表现出浓厚的兴趣，立刻就要求我去给他买这些材料。

第二天，我去商店里给卡尔买回了各种不同颜色的纸张，还去裁缝铺要了一些各种质地、各种颜色的碎布，并给他准备了一把小剪刀和胶水。

自从儿子有了这些令他发生兴趣的东西后，只要有空闲就待在房间里兴致盎然地摆弄它们。

他对这些东西的兴趣似乎远远超出了他的其他玩具。

大约过了一个星期，儿子兴奋地把我和他的母亲叫到了自己的房间。

当我们走进儿子的房门时，顿时被出现在眼前的情景惊呆了。儿子房间的四壁上挂满了各种各样的作品，有古典的水彩画，有色彩斑斓的拼贴画，有简洁明快的剪纸画。

其中有一组作品特别引起了我和妻子的注意，就是那棵我们家门前的树，儿子用不同的方法将它表现出来，各有各的特点，但都非常完美漂亮。

后来，我把我认识的几位艺术家朋友请到家里做客。当他们看到儿子的作品时都感到极为震惊。他们说在此之前从未见到过一个未满5岁的孩子能有这么强的表现力，说他对形象和色彩的敏锐感觉是很多人所不及的。

我想正是儿子的钻研精神使他能够自觉注意观察事物的各个方面，并寻求用复杂多样的形式表现同一种事物。

第十二章
我的儿子是快乐的天才

我一直重视儿子在各方面的教育，而不单是学习知识。他在少年时代就是一个非常健康、精神饱满的活泼少年。

我的儿子是全面发展的

我一直重视儿子在各方面的教育而不单是学习知识。他在儿童时代就是一个非常健康、精神饱满的活泼少年。他有健康的身体、丰富的学识和修养，也有优良的道德品质。这些都是我们希望的，他也做得最好。

当不少父母发现孩子在某一方面拥有特长时往往惊喜交加，从此便开始用过度地关注折磨孩子，或者使孩子丧失了原本浓厚的兴趣，产生抵触情绪；或者因片面的培养忽略掉了孩子整体素质的提高，使孩子无法在现实生活中立足。还有些父母天生对教育有着顽固保守的看法，以为把知识灌输给孩子就足以使他应付未来的生存挑战和生活要求，他们对课本的推崇和对考试成绩的信仰高于一切，他们剥夺掉了孩子对其他事物爱好的权利，将孩子囚禁在照不到阳光的死角里，并逐渐变成僵化的不懂得思考也不会享受生活的石膏像。

要使孩子的成长脱离畸形发展的轨道，就应当时刻谨记：要全面培养孩子。

一名叫布莱特的父亲曾说他将只让儿子格兰特尔学习一门知识，他的意思一定是认为学得太多就达不到良好的效果。然而，他的这种想法是错误的。显而易见，我们的布莱特先生并没有理解知识的真正含义。

可以说，各种知识都是有联系的，它们之间存在着某种相互影响的关系。仅学一门，只能使孩子的视野局限在狭小的范围之中。

"过了二十是凡人"的说法在某种意义上仍有它的道理。但这种结局并非由于教育造成，而是起因于片面的教育。

我们的生活中的确有一些"过了二十是凡人"的神童。他们是怎样的人呢？

据我所知，这些在孩提时代就一鸣惊人的神童，往往是片面教育的结果。他们拼命地学一样东西，将全部的宝贵童年都一门心思地集中一处。这样做的结果当然是能够在某一领域取得突出的成绩。

虽然这种突出的表现得到了公众的认可和赞誉，这样的孩子被人们称为"神童"或"天才"，但是，这却是一种错觉。由于这样的孩子在一个领域耗费了整个童年的时光和精力，使得他们在其他方面犹如白痴。

难道，这样的孩子能够称得上"天才"吗？如果是那样的话，只能说明这是人们对"天才"一词的误解。

事实上，这种所谓的"天才"在本质上是俗物，是父母为了哗众取宠而培养出来的典型的俗物，是一种伪装成天才的俗物。

十多年前，报纸上报道了一个"神童"的事迹。据说这位名叫里斯米尔的小男孩在绘画方面有超人的天赋，报纸上称他有可能是本世纪最伟大的艺术家。因为这个只有6岁的孩子能准确地描绘人体，并对人体结构以及光影都有极准确的把握。并称，里斯米尔在其他方面表现得极为平庸，只有绘画有如此突出的表现。这足以证明他是一个天才，足以证明他的绘画才能来自于天赋，而不是得之于后天的训练。

一时间,人们都在沸沸扬扬地谈论着这个伟大的天才。人们几乎都异口同声地断定这个孩子将会是一名艺术大师。

这件事引起了我的注意,我去访问了这个孩子以及他的父亲。

我的到来使那位"天才"的父亲高兴极了。他谦卑地把我迎到了里斯米尔的"画室"里,并一再诚恳地要求我指导他的儿子。

里斯米尔的"画室"还真有些像模像样,墙壁上挂满了各种画作和装饰品,房间的地板上摆放着各种各样的石膏模型,一幅巨大的人体解剖图高挂在最主要的一面墙上。

画架前坐着一个身材矮小的小男孩,这便是里斯米尔。

"卡尔博士,您的到来真令人兴奋。"这位父亲一边说着一边拿出了许多花花绿绿的小本子,"这些都是里斯米尔的参展证书以及获奖证书。"

"是吗?这很不错呀。"我看了看那些证书,全是些儿童美术大赛的参展证明,有区域性的,也有全国性的。

我在夸奖这个"天才"儿童的同时,注意到了另一个奇特的现象:里斯米尔始终坐在那儿一动不动;似乎根本没有注意到我的到来,并且两眼无神而茫然地盯着前面的石膏像。

"他在干什么?"我奇怪地问这位父亲。

"哦,他一定是在思考。"这位父亲向我解释道。

"思考?为什么一定要以这种方式思考?"

"卡尔博士,恕我直言,报纸上的那些报道并不完全真实。他们说我儿子的才能来自于天赋,我可不这样认为。正如您所说的那样,孩子的才能来源于后天的教育,我对此是深信不疑的。所以,我为了让儿子成为一名伟大的画家，一直对他要求很严。你也看见了，他无时不在考虑绘画的事。可以这样说，他的那些成绩完全来自于努力和勤奋。"他向我解释道。

"那么，除了绘画以外，里斯米尔还在学习什么？"

"绘画已经占用了他所有的时间，不可能再学其他的东西。"他向我解释道，"何况，我认为只有用心一处才能有所成就。既然想成为画家，那么就应该有所牺牲。"

听他这样说，我大为震惊。这时，我明白了为什么里斯米尔会有那么一种古怪的白痴般的表情。

事实上，这个孩子在父亲长期的"强行教育"下，已经变成了只会画画的机器，几乎对其他的事一窍不通。他既不会读写也不会书写，更谈不上有其他的爱好。

我暂且不说要将孩子培养成完美的人，仅就艺术来说，在那种方式下里斯米尔根本就不可能学到真正的艺术。真正的艺术家，都是些博学、有丰富知识的人。他们不仅多才多艺，而且充满智慧；他们有思想也有生活的乐趣。至于那些创作手法只是他们表现自己的一种手段罢了。

然而，里斯米尔所受到的教育完全是舍本求末。我能判定，他不可能成为一个真正的艺术家。事实证明，我的说法一点也没有错。几年后里斯米尔的"天才"便不复存在了，人们也没有见到他们所期望的这位"天才"有任何的成就。据我所知，里斯米尔后来真成了一个白痴，一个大脑发育不良的白痴。

真正有意义的教育，应该着力于对孩子本身的培养，应该以合理的方式开发出他们潜在的能力。

健康而快乐的天才

有的人问我，卡尔所受的教育和取得的成就，是早期教育的成果，但受到这样的教育，他的健康是否受到了影响呢？

这的确是一个重要的问题。其实卡尔不仅在小时候，就是长大以后也一直是非常健康的。

诗人海涅在写给威兰的信中写道：在卡尔 10 岁时，他考过卡尔。当时他不仅为卡尔的非凡语言学才华而诧异，同时也为他的健康、天真和活泼、肉体上和精神上的过人之处而惊讶。

也可能有人会认为，卡尔受到那样的教育一定是光坐在书桌旁啃书，从而使天真烂漫的少年时代在毫无乐趣之中度过。然而事实并不是这样的。

由于卡尔从小就通晓事理，知道很多其他儿童所不知道的事，而且对每件事都有成熟的看法，所以孩子们和他一块玩时都感到愉快。他的知识是其他儿童所望尘莫及的，但他却一点也不骄傲，也绝不嫌弃和看不起其他孩子。

不仅如此，由于和卡尔一块儿玩，孩子们总是感到亲切、愉快、不惹人生气，所以都喜欢跟他玩。即使有的孩子无理取闹，他也会圆满地处理，绝不做同他们争吵的傻瓜。

在他的脉搏里自小就流淌着文学的血液,他不仅从小就精通自古以来的文学作品,而且还很早就写出了优秀的诗词和文章。他也具备做人和作为学者的优良品格。

自古以来人们就说"学者必痴",但我的儿子卡尔无论在小时候还是长大以后都不是枯燥乏味的书呆子,而总是给人以快乐。他是一个健康而又快乐、从不缺乏生活情趣的孩子。

儿子的学识惊动了整个德国

1808年5月,梅泽堡一所学校的教师琼斯·兰特福克先生,为了激励自己的学生,要求允许他在学生面前考考卡尔。我起初害怕由此引起儿子的骄傲自满,颇为踌躇,但最终还是答应了。

和往常一样,我提出了一个条件,即由于卡尔还是个孩子,关于考试一事不要事先让他知道,同时还要提前跟学生们打招呼,千万不要对他说一些表扬和赞美的话。

兰特福克先生应允后,就正式邀请我参观他的学校和学生,并希望提出批评和建议。到了学校,兰特福克先生把我和儿子带进教室,让我们坐到后面。那堂课正好是希腊语课,教科书是《波鲁塔克》,学生们都感到挠头,兰特福克先生于是请卡尔回答,想让同学们见识见识。卡尔很轻松地就把学生们不明白的地方全解答了。不仅如此,卡尔对其他的问题也是对答如流。

尔后,兰特福克先生又把拉丁语写成的《恺撒大帝》一书交给卡尔,并提出问题。没想到,卡尔又毫不迟疑全部地做了回答,接着,兰特福克先生又拿出了一本用意大利文写的书让他读,他也读得很流利。在这过程中间,我也用意大利话向儿子提了几个问题,他都一一做了回答。

兰特福克先生还想考考他的法语，由于教室里没有合适的书，只得用法语和卡尔说说。但卡尔就像用本国语讲话一样，也非常流畅地回答了各种问题。

后来，兰特福克先生又向他问了有关希腊的历史和地理等问题，尽管提的问题很多，又是各个方面的，但卡尔全部一一给予了回答。最后考了数学，卡尔圆满的答案使学生和老师都为之惊讶。

当时卡尔才7岁零10个月，看到这种令人幸福的情景，坐在教室后面的我内心涌出了激动和骄傲之情。

几天后，《汉堡通讯》上有一篇文章详细报道了事情的全过程。我记得非常清楚，报道从"几天前，在本地教育史上发生了一起惊人事件"的语句开始，而结语是：

"但是这个少年绝非少年老成，而是非常健康活泼、温柔而天真，并且没有一点少年人常有的傲气，好像完全没有意识到自己的才华。这个少年叫卡尔·威特，是洛赫村牧师威特博士的儿子。""无论是精神上还是身体上，谁的孩子能够得到如此理想的发展，其教育青少年的方法一定是非常有趣味的，但遗憾的是威特博士没有细谈。"

不久，各地的报纸又马上转载了这一报道。于是儿子卡尔的名字一下子轰动了整个德国。来拜访卡尔的人更多了，他被各方面的学者和教育家们测试，其后专家们都说百闻不如一见，没有不佩服的。他们中许多都是当代一流的学者。

对于各种访问，儿子都是非常礼貌而冷静地对待。我也不时告诫他在这种情况下不要产生骄傲的情绪。卡尔仍然和往常一样，并没有因此而自满。这一点真令我感到欣慰。

九岁考入莱比锡大学

在我们的国家,自古以来人们都特别尊重学者。德国之所以能够繁荣昌盛,其重要的原因之一就在于此。

由于卡尔的学识,他顷刻间就名扬天下了。莱比锡大学的一位教授和一位在本市很有势力的人物打算让卡尔进莱比锡大学学习,他们说服我让本市托马斯中学校长劳斯特博士对卡尔进行一次考核。开始时,我并不想他们来考儿子,怕他们乱出考题并予以拒绝。可后来,我发现劳斯特博士是一个深明事理和蔼可亲的学者,并不是我所想象的那种人。在他们的再三劝说下,我最终同意了。

劳斯特博士没有让卡尔觉察到是在考试,而是在交谈中完成了考核。

时间是1809年12月12日。

考试过后,劳斯特博士就给卡尔写了入学证明书。内容是:

今天根据我的要求,对一个9岁的少年——卡尔·威特进行了测验。

考希腊语时从《伊利亚特》中选了几段;考拉丁语时从《艾丽绮斯》中选了几段;考意大利语时从伽利略的著作中选了几段;考

法语时在某一本书中选了几段。都是比较难理解的地方，但是卡尔却完成得很好。

他不仅语言学知识丰富，而且理解能力很强，具备各方面的渊博学识。这个令人赞佩的少年，听说是其父威特博士教育的结果。

我认为这一教育方法值得引起学者们重视。总之，这个少年完全具备上大学的条件。为了学术的进步，让他上大学深造是非常有必要的。

劳斯特博士的证明书送到莱比锡大学后，校方同意他于第二年1月18日入学。

入学那天，我带着儿子去见了校长居思博士。居思博士非常高兴，同我们谈了许多话。同一天，他向市里的权势人物发出一封信，内容如下：

洛赫村的牧师威特博士的儿子卡尔·威特，刚刚9岁就具备了十八九岁的青年们所不及的智力和学力。这是他父亲对他实行早期教育的结果。

由此可知，适当的早期教育可使儿童的能力发展到令人难以置信的程度。卡尔能熟练地翻译法语、意大利语、拉丁语、英语以及希腊语的诗词和文章。他最近被很多学者考过，没有一个不为他的学识而惊叹。他还在国王面前接受过考试。

他具备十分丰富的人类有史以来在文学、历史和地理等方面所积累的知识。这些都是他父亲教育的结果。所以说他父亲的教育方法也是一点不亚于其儿子的学识，令人惊叹。

说到这个令人钦佩的少年的健康，与其他许多神童不同。他非常健康、快活和天真，也没有一点其他神童所往往表现出来的傲慢和无礼，真是个难得的可贵少年。只要今后继续进行教育，其发展是不可估量的。

可是由于这个少年的父亲收入微薄，又家住农村，难以继续对他进行教育。卡尔过去是由他父亲教育的，今后的教育则是他父亲力所不及的。

他父亲希望能全家都搬到城里，使少年住在自己身边并能上3年大学。但由于他父亲是农村的一个穷牧师，不可能牺牲牧师职务到城里来，所以我向诸位呼吁，只要威特博士每年有4个马克，就可以住到莱比锡，教育这个在大学里学习的可贵少年。为此特请诸位踊跃捐款，金额每年4马克，捐助3年。

这是最美好的事业，我深信诸位是不会甘于受到看见一个天才被埋没于世的谴责的。何况威特博士来本地也可以对其他孩子进行同样的教育，这对我们的教育研究亦可助一臂之力。

总之，这是一个美好的事业，望诸位踊跃参加。

在这里，我要说一句，当年如果不是把钱花在带儿子去各方周游上面，也许不会弄到后来连儿子上大学的费用也负担不起。虽然我只是个穷教师，收入微薄，为了能有出门的旅费，全家人都得省吃俭用，旅行时也只能住最差的旅馆，但我认为一切都是值得的，我从不后悔。

我记得，当时这封信的反响是相当大的，尽管每年预定筹款4个马克，但实际上达到了8个马克。不仅如此，当地人还为我划了从事牧师职业的区域，发给我双份的工资，并要求我一定去。

国王亲召入哥廷根大学

我为了得到国王的辞职许可，带着儿子卡尔去了卡塞尔；这里要说清楚，以免误解。当时的国王不是普鲁士国王，而是威斯特伐利亚国王杰罗姆（拿破仑一世的弟弟）。

1807年，拿破仑一世在易北河西岸建立了威斯特伐利亚王国，他弟弟杰罗姆当了国王。自那以后，洛赫村和哈雷等地方就属于这个王国管辖，但政治上却由法国人和德国人统治。我们到达卡塞尔后，碰巧国王外出旅行。于是，第二天早上我们才去拜访拉日斯特大臣，拉日斯特大臣也考了考卡尔，同样感到吃惊，他共考了卡尔3个小时，最终确认卡尔是个名不虚传的杰出人才。他觉得把卡尔送到国外去太可惜了，因为莱比锡当时是属于萨克森的。他问了许多有关我的教育方法，最后决定不让我们去莱比锡而留在国内。

第二天，拉日斯特设晚宴招待我们和政府的大臣们；在宴会上，这些人也考了卡尔，大家都感到非常满意。经过协商，他们决定请国王承担莱比锡市民们所承担的义务，让我们留在国内上哈雷大学或者哥廷根大学而不去莱比锡。但我以不能辜负莱比锡市民们的心意而拒绝了。由于没有得到国王的许可，我们只好闷闷不乐地在洛赫等着。

7月29日，我们接到了维尔弗拉得大臣的来信，信中写道：

足下的辞意和令郎的非凡才学已经呈报国王陛下，热心于学事的陛下让我传达他的命令：准许足下在本年圣诞节之后辞去现职，待令郎大学毕业后再为足下划定从事牧师职业的区域。

陛下说由于国内也有优秀的大学,所以没有必要前往外国,应在国内就学。并且不必接受外国的资助,在本年圣诞节之后的3年中,每年下赐60个马克,命令令郎上哥廷根大学学习。

我很荣幸能向足下传达御令,也愿为令郎的教育贡献力量。为迁往哥廷根,令从即日起到圣诞节的两个月期间可以做离职准备。

就这样,卡尔于同年秋天上了哥廷根大学,共学习了4年。

4年中他所学的学科是:第一学期是古代史和物理学;第二学期是数学和植物学;第三学期是应用数学和博物学;第四学期是化学和解析学;第五学期是测量学、实验化学、矿物学和微积分;第六学期是实用几何学、光学、矿物学(继上学期)、法国文学;第七学期是政治史、古代史(第二轮);第八学期是高等数学。此外,还有解析化学、伦理学、语言学等。

在学习过程中,起初我和他一道去学校,以便进行照顾,这是由于卡尔年龄太小不放心。

卡尔在大学里的学习生活是轻松愉快的。一般说来,一个10岁左右的少年和一些20岁左右的青年一起学习,一定是相当紧张的,但实际上卡尔的学习并不紧张。

他可以尽情地游玩和参加运动,并常常去采集动植物标本。他会画画、能弹琴,也会跳舞。除了上课外,一天也没有停止过对古典语和近代语的研究。

复活节的假日一到,我就领儿子去旅行,这件事很使人们不解。他们以为我一定会利用这一周的休假拼命帮助儿子复习功课,估计我们为此会天天跑图书馆。我的朋友们也的确是这样劝我的。

但是我却回答道:"如果我是打算让儿子做一个供人观赏的玩物,我就那么干,可是我的目的不是要儿子做展览品,我以为与学问相比儿子的健康和见闻更为重要,况且儿子的学习时间已是绰绰有余的。"总之,他们都感到极为惊异。

在儿子上大学期间,我仍然非常重视他的健康,不管刮风下雨都要卡尔把室外运动当作课业坚持下去。下雨天和雪天只是散步,在风雪交加的天气里人们常常可以看到我们在马路上散步。

第二年夏天,即第二学期末,国王杰罗姆驾临哥廷根大学视察。国王参观了校内的各个地方,最后到了植物园。

由于卡尔这个学期听植物学讲义,所以同其他学生们一道都在植物园。国王的随从中有前面提到过的拉日斯特大臣,在植物园他一眼就认出了卡尔并向国王做了介绍。国王非常高兴,一定要和卡尔谈谈话。于是侍从们就把卡尔叫到国王夫妻面前,同时也允许我一起觐见。国王同我们谈了一席话,鼓励我的儿子今后要更加努力学习,表示要永远给予保护,希望卡尔安心学习。

我们从国王面前退下来后,随行的贵妇人们蜂拥而上,围着卡尔亲吻。然后由两个将军把卡尔夹在中间跟随国王之后,一直到把国王送上车时为止。这时卡尔才11岁。

1812年冬,即第五学期,卡尔12岁时公开发表了关于螺旋线的论文,受到了学者们的好评。由于在书中发表了他自己发明的非常简便的画曲线工具,更加受到了国王及其人民的极大的赞赏。

在第七学期,他一面专心致志地学习政治史,又挤出时间写了《三角术》一书。当时他才13岁半。这本书在当时未能马上出版,是1815年他离开了哥廷根大学到了海得尔堡大学以后才出书的。

1813年，我接到了国王的通知，通知上说把供给卡尔的学费延长到4年，并允许他到任何一个大学里去学习。这是由于原来拟订的供给学费3年的期限已满。

由于前一年拿破仑远征俄国失败，其势力逐渐衰落，10月莱比锡一战失败，威斯特伐利亚国便崩溃了。这时，威斯特伐利亚政府就把卡尔推荐给了汉诺威、布朗斯维克、黑森三国政府。

由于威斯特伐利亚政府中有一半官员是德国人，再加上处于战乱时期，每个国家都缺钱，凡是不急需的事就不准花钱。

尽管这样，三国政府还是接受了这一推荐，痛快答应负担卡尔的学费。可见当时人们是多么重视卡尔的才学，我也为此而感动，他在哥廷根大学的第八期的学费是由三国政府出的。

年轻的哲学博士和法学博士

1814年4月，卡尔去维茨拉尔旅行，并访问了吉森大学。该大学的哲学教授们欢迎他并一起讨论了学术上的各种问题，最后承认了他的学术水平(特别是1812年公开发表的论文价值)，由校长赫拉马莱博士授予他哲学博士学位，那是1814年4月10日的事。随后，卡尔又访问了马尔堡大学，同样受到了热烈欢迎。据说如果不是吉森大学抢了先的话，该大学也准备授予他哲学博士的称号。

由于在哥廷根大学第八期的学费是由汉诺威、布朗斯维克、黑森三国政府出的，当我们前去布朗斯维克领取学费时，当局就把我们介绍给了布朗斯维克公爵。当时正巧公爵要外出旅行，但仍然高兴地接见了我们，谈了许多话，并热心地建议我们去英国留学，并表示只要我们愿意去，就把我们推荐给他国内的亲属并愿出学费。

当我们由于同样的原因，去汉诺威时，卡尔被聘请做报告。因为卡尔在此之前曾于萨尔茨韦德尔做过数学报告并受到了极大的好评。当问到要求讲什么时，对方仍然提出希望讲讲数学方面的问题。卡尔在接受了邀请的第二天，就在本地中学的大礼堂里做了讲演。当时是 1814 年 5 月 3 日，他年仅 14 岁。

参加的听众，集中了市内所有的知识分子。我的儿子用他漂亮的德语讲得既流畅又清晰。由于他连日来忙于交际，每天很晚才得以休息，无暇准备，又由于休息得很晚，所以有人产生了怀疑，绕到卡尔后面想看看是不是有底稿。当这位猎奇者看到卡尔没有底稿后，就更为惊异了。

卡尔也注意到了这一点，为了解除听众的怀疑，他特意离开讲桌，这时听众们更是报以热烈的掌声。

当卡尔在热烈的喝彩声中结束讲演后，政府承认了他的才学，并向他提供了比承担的份额还要多的学费。

肯布里基公爵也和布朗斯维克公爵一样，建议卡尔去英国留学，并答应给予推荐和出学费。

去墨森时，我们也同样受到了热烈欢迎，常被邀请到宫中。

儿子从哥廷根大学毕业后，我就在考虑他今后的出路。

我想，如果打算让卡尔早日成名，作为上策最好让卡尔钻研迄今为止所获得的学问的某个领域。但经过慎重选择，我放弃了这条捷径。我认为这样做只能使卡尔成为侧重于某一个领域的学者。

为了使卡尔学到更多的知识，我决定让卡尔去学法学。有位数学教授得知此事后深感遗憾，他问我为什么做这样的决定。

我告诉这位数学教授："决定专业方向应该是 18 岁以后的事，

在那之前应该学习所有的学问。等到18岁以后，如果卡尔喜欢数学的话，那就让他搞数学。"

这以后，儿子就上了海得尔堡大学专修法学，成绩仍然十分优异，备受老师和同学的喜爱。两年以后卡尔获得法学博士学位，同时还任命他为柏林大学法学教授，只是因为普鲁士国王命令他去意大利留学才未登上讲坛。但是我担心儿子太年轻，一个人去国外不放心，所以一直到1818年儿子18岁时才让他出国去意大利。

在对儿子的教育上，我非常欣赏来登在一首诗中写的那句话：没有比品尝真理的滋味更为幸福的了，享受到真理的幸福是永生难忘的。

我认为，从小就享受到真理滋味的儿子，比任何一个儿童都要幸福。而且，正如前面已经叙述过的，由于我对他的合理教育，儿子单纯坐在桌边专心致志学习的时间是很少的，他有着充足的时间尽情游戏和运动。

我认为，卡尔具有做人和作为学者的完美人格。同时，我也为自己能够成功地教育儿子而感到骄傲。

图书在版编目（CIP）数据

卡尔·威特的教育 /（德）卡尔·威特著；宿文渊编译. — 北京：中国华侨出版社，2017.12（2018.9重印）

ISBN 978-7-5113-7325-0

Ⅰ.①卡… Ⅱ.①卡… ②宿… Ⅲ.①儿童教育—家庭教育 Ⅳ.①G78

中国版本图书馆CIP数据核字(2017)第312257号

卡尔·威特的教育

著　　者：[德]卡尔·威特
编　　译：宿文渊
出 版 人：刘凤珍
责任编辑：滕　森
封面设计：施凌云
文字编辑：焦巾原
美术编辑：牛　坤
经　　销：新华书店
开　　本：880mm×1230mm　1/32　印张：8.5　字数：190千字
印　　刷：三河市新新艺印刷有限公司
版　　次：2018年1月第1版　2021年11月第7次印刷
书　　号：ISBN 978-7-5113-7325-0
定　　价：36.00元

中国华侨出版社　北京市朝阳区西坝河东里77号楼底商5号　邮编：100028
发 行 部：（010）88893001　　传　　真：（010）62707370

如果发现印装质量问题，影响阅读，请与印刷厂联系调换。